인간이 다른 건 너무나 당연한 거야.

너와 네 친구, 가족과 다르다고 느낀 적이 있니?
얼굴이나 몸이 다르거나, 좋아하는 것이 다르거나,
아니면 네게는 눈물이 쏙 빠질 만큼 슬픈 영화의 한 장면인데
남들은 웃으면서 본다거나 하는 것처럼 말이야.

그런데 남과 다르다는 건 놀랍거나 슬프거나 걱정할 일은 아니야.
인간이 모두 다른 건 너무나 당연한 거거든.
세상을 샅샅이 뒤져도 나와 똑같은 사람은 어디에도 없어.

…… 아, 이런. 인사가 늦었네.
나는 인간을 연구하는 인간 박사야.
인간의 차이를 연구하려고 전 세계를 탐험하는 중이지.
오늘은 너를 인간 박물관으로 초대하려고 해.
인간 박물관에서 인간의 수많은 차이점을 배우게 되면
틀림없이 너는 너 자신과 세상의 모든 사람이
소중한 존재라는 사실을 알게 될 거야.

목차

머리말 —————— 2
도감을 보는 법 —————— 6

신체의 차이
눈에 보이는 겉모습, 눈에 보이지 않은 내면과 구조까지   8

- ▶ 눈의 색   10
- ▶ 피부의 밝기   12
- ▶ 머리카락의 색   14
- ▶ 머릿결   15
- ▶ 나이   16
- ▶ 내성   18
- ▶ 버릇   20
- ▶ 그 밖의 신체의 차이   22

생활의 차이
다양한 환경에서 살아남기 위한 인간의 지혜와 노력   24

- ▶ 집   26
- ▶ 음식   30
- ▶ 옷   34
- ▶ 직업   38
- ▶ 이름의 유래   40
- ▶ 그 밖의 생활의 차이   42

의사소통의 차이
세상을 살아가는 사람들의 감정 전달 방식   44

- ▶ 인사   46
- ▶ 고마워   50
- ▶ 미안해   52
- ▶ 좋아해   54
- ▶ 화가 나   56
- ▶ 그 밖의 의사소통의 차이   58

감정의 차이 마음속에서 다양한 감정이 생겨날 때 ... 60

- ▶ 기쁜 일 ... 62
- ▶ 슬픈 일 ... 64
- ▶ 즐거운 일 ... 66
- ▶ 무서운 일 ... 68
- ▶ 부끄러운 일 ... 72
- ▶ 그 밖의 감정의 차이 ... 74

생각의 차이 똑같은 것을 봐도 그걸 받아들이는 방식은 제각각 ... 76

- ▶ 공부하는 이유 ... 78
- ▶ 사후 세계 ... 80
- ▶ 미남 미녀 ... 82
- ▶ 성 ... 86
- ▶ 행복 ... 88
- ▶ 평화 ... 90
- ▶ 인간 ... 92
- ▶ 그 밖의 생각의 차이 ... 94

부록 ... 98
맺음말 ... 100
참고 문헌과 웹 사이트 ... 102

도감을 보는 법

이 책에서는 다양한 사람의 수많은 차이점을 일러스트와 상세한 내용으로 소개하고 있다.
먼저 간단하게 알고 싶다면 일러스트를 살펴보고, 좀 더 자세히 알고 싶으면 내용을 읽으면 된다.

신체의 차이

연령

인간은 번데기가 나비가 되는 것처럼 극적인 성장 단계를 보이지는 않는다. 하지만 분명한 것은 나이를 먹을수록 인간의 몸과 마음은 변한다. 갓 태어난 아기부터 오랜 세월을 살아온 노인까지, 이 세상에서 함께 살아가는 다양한 연령의 사람들을 살펴보자.
★여기서는 심리학자 에릭슨이 주장한 발달 단계를 기초로 소개했다.

해당 페이지에서 소개하려는 사항과 그에 대한 설명

각 사항을 이해하기 쉽도록 꾸며 놓았으니 우선 먼저 읽어 보자.

▶ **전기 아동기**
(18개월~만 3세 무렵)

걷거나 말하기 시작하는 전기 아동기는 18개월 무렵부터 시작된다. 이 시기의 아이들은 무슨 일이든 관심이 많고 재미있어 한다. 많은 일에 도전해 보고 자신감을 얻으면 또다시 도전하고 싶어한다. 또한 자신이 실패했던 일에 대한 부끄러운 감정이 싹트기 시작한다. 혼자서 화장실 가 보거나, 옷을 갈아입는 것은 이 무렵에 익힌 것이다.

"뭐든 다 해 볼 거야!"

소개하려는 사항의 일러스트

소개하려는 사항의 이름

자세한 설명

어떤 사람이 그 사항에 해당하는지, 그리고 그 이유는 무엇인지 설명한다.

찾아보자!

책 속에는 박사와 박사의 동료들이 숨어 있다. 과연 그들을 발견할 수 있을까?

이 뿐만 아니라 이 책에는
다양한 행에서 놀러 온 우주인도 숨어 있다.
찬찬히 살펴보면 찾을 수 있을 것이다.

어려운 용어

이 책에는 어른에게도 어려운 용어가 많이 등장한다. 여기서는 그런 단어의 의미를 소개한다.
문장 속에 *표시가 붙은 단어가 있다면 이 페이지로 돌아와서 확인해 보자.

ㄱ

고양감 정신이나 기분이 올라가는 느낌을 뜻한다.

구약 성서 유대교와 기독교의 신성한 이야기. 기독교에는 신약 성서도 따로 존재하기 때문에 구약 성서라는 이름이 붙었다.

권위 다른 사람을 지배하고 복종하게 만드는 지위와 힘을 말한다.

그리스 신화 고대 그리스 사람들이 전해 준 신화. 혹은 전설이다.

기독교 1세기 말에 유대교에서 분리된, 예수그리스도를 구세주로 내세운 일신교. 가톨릭과 개신교 외에도 다양한 교파가 있다.

ㄴ

노예 무역 노예를 상품으로 하는 무역으로 과거 유럽에서 이뤄졌다. 노예는 인간으로서의 권리를 갖지 못하고 강제 노동을 해야만 했다.

녹말 식물이 햇빛, 물, 이산화 탄소를 통해 생산하는 탄수화물이다.

ㄷ

단열 내부로 전해지거나 외부로 나가는 열의 양을 최소로 하는 것을 뜻한다.

도상국 경제 발전의 과정 중에 있는 국가를 도상국, 경제가 발전했다는 기준에 도달한 국가를 선진국이라고 한다.

동성애자 자신과 똑같은 성별을 가진 사람을 좋아하는 사람을 말한다.

ㅁ

멜라닌 색소 피부, 머리카락, 눈동자의 색깔을 만드는 색소이다.

ㅂ

발효 미생물의 작용으로 물질이 변화하거나 분해되는 현상이다.

백색증 멜라닌 색소를 만드는 기능이 태어날 때부터 없거나 약해서 피부, 눈, 머리카락에 색소가 없거나 부족한 사람을 가리키는 용어. 사람이 아닌 동물에게도 발생하는데 원인은 주로 유전이다.

복종 지배하는 사람의 명령과 생각을 따르는 것이다.

불교 기원전 5세기에 석가모니가 창시한 종교. 부처는 깨달은 사람이란 뜻이다. 지역에 따라 다양한 종파가 있다.

ㅅ

사바나 비가 내리는 시기와 내리지 않는 시기가 확실하게 나뉜 열대 기후의 초원 지대이다.

사상가 사람마다 생각이 달라서 발생하는 문제에 자신의 지성으로 대답을 도출하고 사람들에게 영향을 주는 사람이다.

사암 모래알이 굳어서 생긴 암석이다.

생물학 자연계에서 사는 모든 생물을 연구하는 학문이다.

석회 산화 칼슘이나 수산화 칼슘을 말한다.

선주민족 그 땅에 먼저 살고 있던 민족을 뜻한다.

성령 기독교의 삼위일체(하나님, 예수님, 성령)중 하나. 성경에 의하면 예수의 어머니 마리아는 성령에 의해 예수를 임신하였다.

손가락 사인 손이나 손가락의 움직임 혹은 포즈로 의사 표시를 하는 것. 똑같은 동작이라도 문화에 따라 의미는 다양해진다.

순환 돌고 돌아서 다시 원래의 자리로 돌아오는 것이다.

신도 일본 고유의 민족 종교. 자연이나 주변에 존재하는 물건, 혹은 위인이나 조상을 신으로 섬긴다.

실크 로드 고대 중국과 서양을 이어 준 무역 길. 이 길을 통해 중국에서 서양으로 비단이 들어와서 비단길, '실크 로드'라는 이름이 붙었다.

ㅇ

양성애자 남성과 여성 모두를 좋아하는 성향인 사람을 뜻한다.

열대 우림 1년 내내 기온이 높고 비의 양이 많은 지역의 삼림을 말한다. 정글이라고도 불린다.

오감 눈(시각), 귀(청각), 혀(미각), 피부(촉각), 코(후각)로 느끼는 감각이다.

유목민 정해진 구역에 살지 않고 소나 양 같은 가축의 먹이를 구하기 위해 이동하면서 생활하는 사람들을 말한다.

유전 부모에서 자손으로 형질이나 특성이 전달되는 현상이다.

유전자 돌연변이 지구상의 모든 생물이 가진 생명 설계도(게놈)에 변화가 생기는 것. 자손에게도 유전된다.

응회암 화산이 분출할 때 화산재가 굳어져서 생긴 암석이다.

이민자 자신이 태어나 살던 나라를 떠나서 다른 나라로 이주한 사람을 말한다.

이슬람교 7세기 초 예언자 무함마드가 창설한 종교로 유일신인 알라를 믿는다. 이슬람 신자들이 많은 중동 지역을 이슬람권이라고 한다.

인구 밀도 일정한 면적 속에 사람이 몇 명이 사는지 계산한 비율이다.

인종 차별 인간을 인종, 민족, 국적, 지역으로 구분해서 우열을 가리고 차별하는 행위 혹은 그런 생각을 뜻한다.

ㅈ

자외선 태양광의 일부. 몸속에서 비타민 D를 만들 때 필요하다.

적도 지구 중심을 지나는 자전축에 대하여 90도의 위치에서 지구 표면을 한 바퀴 도는 선을 말한다. 이 선에 위치한 지역은 기온이 높고 비가 많이 내리는 열대 우림 기후이다.

증산 식물이 몸속의 남아도는 물을 공기 중에 수증기로 배출할 때 주변의 열을 빼앗아 온도가 내려가는 현상이다.

ㅊ

철학자 다양한 사물의 본질을 생각하는 학문인 철학을 연구하는 사람이다.

출가 일상생활에서 벗어나 모든 번뇌를 끊고 불교의 깨달음을 받아들이는 것이다.

ㅌ

트랜스젠더 태어날 때 정해진 자신의 성에 대해 위화감을 느끼고 성별을 뛰어넘어 살아가려는 사람이다.

ㅍ

평형 감각 움직일 때 몸이 기울어지거나 쓰러지지 않게 자세를 잡아 주는 감각이다.

표면적 물체 겉면의 넓이이다.

ㅎ

호박 몇 천만 년에서 몇 억 년 이전의 나뭇진(나무에서 분비되는 점성이 높은 액체)이 모래에 묻어서 만들어진 화석이다.

효소 몸속에서 발생하는 다양한 화학 변화에 필요한 단백질. 음식물을 소화, 흡수할 때 작용한다.

힌두교 인도의 민족 종교. 주로 브라흐마, 비슈누, 시바를 3대 신으로 모시는 다신교이다. 교리 안에 '카스트'라는 신분 제도가 있다.

신체의 차이

말을 하거나, 책을 읽거나, 길을 걷는 등 인간의 모든 행동은 몸, 다시 말해 신체가 존재하기 때문에 가능하다. 지금 우리가 살아갈 수 있는 것도 신체가 있기 때문이다. 그런 중요한 신체는 사람마다 색깔, 형태, 크기가 모두 다르다. 주위를 살펴봐도 당신과 똑같이 생긴 사람은 아무도 없을 것이다. 여기서는 눈에 보이는 것부터 눈에 보이지 않는 몸속까지, 신체와 관계 있는 다양한 차이점을 소개하려고 한다.

여기서 소개하는 항목

눈의 색 / 피부의 밝기 / 머리카락의 색 / 머릿결 /
나이 / 내성 / 버릇 / 그 밖의 신체의 차이

신체의 차이

눈의 색

당신은 자신의 눈 색깔을 알고 있는가? 사실 인간의 눈 색깔은 한 사람 한 사람 모두 다르다. 그렇기 때문에 눈은 자신을 드러내는 중요한 개성이기도 하다. 여기서는 대표적으로 눈의 색, 그리고 눈의 기능과 역사에 주목해 보자.

★여기서 소개하는 눈의 색이란 홍채라고 하는 동공 주변을 말한다.

눈이 부셔도 괜찮아.

▶ 갈색
세계에서 가장 많은 사람 눈의 색은 갈색이다. 진한 갈색과 연한 갈색으로 나누기도 하는데, 사실 검은색처럼 보이는 것도 갈색 눈이다. 눈이 갈색인 이유는 눈부신 햇살로부터 눈을 보호하기 위해 *멜라닌 색소가 늘어났기 때문이라고 한다. 그래서인지 *열대 우림이나 사막처럼 햇살이 강렬한 지역에 사는 사람들 중에 특히 갈색 눈이 많다.

▶ 파란색
전 세계에서 갈색 다음으로 많은 눈의 색은 파란색이다. 사실 파란색 눈은 *유전자 돌연변이로 탄생했다는 설이 있다. 약 1만 년 전, 중동 지역에서 눈이 파란 아이가 한 명 태어났다. 그런데 파란색 눈은 중동보다 유럽 환경에 더 적합해서 그쪽으로 퍼져 나갔다는 것이다. 현재 지구상의 파란색 눈 사람은 모두 그 사람의 자손이라고 할 수 있다.

우린 모두 친척이야.

금색으로 빛나는 늑대의 눈

▶ 호박색
호박색 눈은 보석의 일종인 *호박처럼 투명한 황금색을 띤다. 이런 색의 눈은 '카로티노이드'라는 노란색 색소가 동공 주변에 많이 가라앉아 있기 때문에 나타난다. 빛의 강도에 따라 선명한 황금색으로 빛나기도 한다. 호박색 눈은 늑대에게 특히 많아서 '늑대의 눈'이라고도 불린다. 어떻게 보면 상당히 매력적인 별명이다.

무슨 색으로 보일까?

▶ 헤이즐
헤이즐(개암)처럼 탁한 붉은 기운이 도는 노란색 눈을 '헤이즐'이라고 한다. 갈색과 녹색의 중간 색인데 빛이 비추는 정도에 따라 다른 색으로 보이기도 한다. 그만큼 상당히 섬세하고 오묘한 색이다. 영국의 극작가 셰익스피어가 *《로미오와 줄리엣》에서 헤이즐 눈이라는 표현을 사용해서 그렇게 불린다는 얘기가 있다.

흐린 날에도 잘 보인다.

▶ 녹색
숲과 나뭇잎이 떠오르는 녹색 눈은 진한 색상의 눈동자에 비해 빛을 잘 반사한다. 그래서 녹색 눈인 사람은 흐린 날이나 어두운 곳에서도 사물을 잘 본다. 세계적으로 녹색 눈은 그다지 많지 않지만 북유럽처럼 날이 흐린 지역에서는 많이 볼 수 있다. 이런 사람들은 햇살이 눈부신 날에는 선글라스를 껴서 눈을 보호하는 것이 좋다.

여신과 똑같은 눈의 색

▶ 회색

회색 눈은 파란색 눈보다 멜라닌 색소가 좀 더 많다. 진한 푸른색으로도 보이기 때문에 '다크 블루 눈'이라고도 한다. *그리스 신화에 등장하는 여신 아테나도 회색 눈이었다고 한다. 눈의 색은 성장하면서 진해지기 때문에 부모의 눈이 갈색이어도 아기의 눈은 회색처럼 연한 색일 수 있다.

▶ 보라색

신비스러운 분위기를 발산하는 보라색 눈은 세계적으로 상당히 귀한 눈이다. 영화 <클레오파트라>의 주인공 엘리자베스 테일러는 보라색 눈으로 수많은 관객을 사로잡았다. 멜라닌 색소가 만든 연한 파란색과 혈관의 붉은색이 빛의 반사로 섞여 보라색으로 보인다. 멜라닌 색소가 적은 *백색증인 사람도 보라색의 눈인 경우가 있다.

새하얀 토끼의 루비 같은 눈

▶ 빨간색

마치 루비 보석 같은 눈을 지닌 사람도 있다. 멜라닌 색소가 거의 없는 사람을 백색증이라고 부르는데, 빨간색 눈은 이런 사람들에게 많다. 혈관의 색이 그대로 비쳐서 붉게 보이고 눈부심도 쉽게 느낀다. 하얀 토끼의 눈이 빨간 이유와 비슷하다. 빨간색 눈은 독특한 분위기를 풍기기에 소설이나 미술 작품의 모티브가 되는 경우도 많다.

사람을 매료시키는 신비의 색

두 가지 색이 행운을 부른다.

눈 속에서 빛나는 지구

▶ 지구 색

마치 사람의 눈 속에 육지와 바다가 담긴 것 같다. 푸른색 눈에 갈색, 노란색, 주황색 같은 여러 색이 섞인 지구 색의 눈이다. '어스 아이'라고도 불리는 이 눈은 마치 우주에서 바라본 지구처럼 보인다. 눈을 보는 위치나 빛의 반사에 따라 더욱 파랗게 빛난다. 지구 색 눈인 사람은 수억 명 중 한 명 정도로 매우 희귀하다.

▶ 오드아이

오드아이는 양쪽 눈의 색이 다르다. 이런 눈의 사람에게는 사물이 어떻게 보일까? 사실은 시력에 특별한 차이는 없다. 태어날 때부터 오드아이인 사람은 드물고, 상처나 병으로 인해 오드아이가 된 사람이 많다. 흰색 고양이 중에서도 이런 눈을 볼 수 있는데 한국에서는 이런 눈의 고양이를 행운의 고양이, 태국에서는 다이아몬드 눈동자라고 부르며 매우 귀한 존재로 여긴다.

신체의 차이

피부의 밝기

사람들의 피부는 각양각색이다. 여기서는 피부 차이 중에서도 주로 밝기를 기준으로 해서 소개한다. 피부의 밝기는 사회적인 차별로 이어질 가능성이 있는 조심스러운 주제이기도 하다. 밝기 외에도 사람의 피부를 부르는 다양한 방식이 있으니 그것도 함께 살펴보자.

가장 역사가 깊은 피부

인류 발생지

▶ 매우 어두운 색

인간의 피부 밝기 중 가장 어두운 색은 주로 아프리카에 사는 사람들에게 많이 보인다. 사실 아프리카는 최초의 인류가 생겨난 곳이다. 아프리카에서 원숭이가 인간으로 진화했는데, 털이 없는 원시인에게 햇빛(*자외선)은 천적이었다. 그래서 인간은 점차 멜라닌 색소로 피부를 어둡게 해서 몸을 지켰다. 그들이 환경에 적응해서 생명을 유지했기 때문에 지금의 인류가 존재하는 것이다.

여기가 더워.

여기가 덥지. / 맞아, 맞아.

▶ 어두운 색

어두운 색 피부는 *적도에 가까운 동남아시아 지역과 아프리카에 많다. 특히 적도 바로 아래 지역은 1년 내내 햇살이 강렬해서 피부를 보호하지 않으면 피부암에 걸리기 쉽다. 그래서인지 다른 지역 사람들에 비해서 피부색이 어둡다. 그리고 갈색 피부나 약간 그을린 색 피부라도 햇빛에 그을리면 본래의 피부색보다 어두워지기도 한다. 단순히 환경이나 인종만으로 피부색이 결정되는 것은 아니다.

옛날 동아시아 사람들도 이런 피부색이었어요.

▶ 갈색

태국인과 말레이시아인들의 조상은 아프리카에서 인도반도를 통해 동남아시아로 이주한 사람들이다. 그들은 동남아시아의 열대우림 기후와 강렬한 햇살에 적응해서 지금과 같은 갈색 피부가 됐다. 그리고 중국이나 일본의 조상 중 일부도 동남아시아 사람들과 비슷한 피부색이었다고 한다.

▶ 약간 그을린 색

한국, 중국, 일본처럼 동아시아에 사는 사람들의 피부색은 햇빛에 약간 그을린 노르스름한 색이다. 이들의 조상은 아라비아반도에서 추운 유라시아 대륙을 넘어온 사람들이다. 이들에게 천적은 바로 겨울에 내리는 눈에 반사된 햇빛이었다. 반사된 햇살에서 피부를 지키기 위해 멜라닌 색소가 생겼고, 그게 현재 동아시아인의 피부 밝기가 됐다.

반사되는 햇살에 주의하자.

▶ **중간 밝은색**

이탈리아 같은 남유럽 지역 사람들에게 많이 보이는 피부색은 중간 정도의 밝은색이다. 그들의 조상은 아프리카에서 아라비아반도를 넘어온 사람들이다. 어떤 주장에 따르면 그들이 유럽에 왔을 때는 빙하기의 영향으로 흐린 날이 많아서 아프리카보다 햇살이 약했고, 그 덕분에 멜라닌 색소로 피부를 보호할 필요가 없었다고 한다. 그래서 피부가 좀 더 밝아진 것이다.

▶ **매우 밝은색**

핀란드나 노르웨이 같은 북유럽에 사는 사람들은 피부가 상당히 밝다. 이 지역은 해가 일찍 지는 곳이라서 장소의 특성상 햇빛을 전략적으로 많이 쬐어야만 했다. 오랜 세월이 지나 환경에 적응한 사람들의 피부색은 아주 밝고 환해졌다. 햇빛을 지나치게 많이 쬐면 몸에 독이 되지만, 부족하면 성장에 필요한 비타민D를 몸속에서 합성할 수가 없다.

빙하기의 하늘을 느껴 봐.

흡수

어슴푸레한 장소에서는 환하게

그 밖의 부르는 법

여기서는 밝기 외에 피부의 차이를 어떤 식으로 부르는지 소개하려고 한다. 피부의 차이는 시대와 장소에 따라서 다양한 이름으로 불린다.

출생의 뿌리를 드러낸다

피부의 밝기는 조상으로부터 전해 내려오는 것이다. 그래서 출생으로 피부색을 표현하기도 한다. 아프리카계, 라틴계, 아시아계 등 피부색을 직접 언급하지 않고 표현하는 방식은 미국처럼 다양한 사람이 모여 사는 나라에서 특히 중요하다. 피부 이야기는 차별로 이어질 수도 있으니 언제나 조심해야 한다.

← 고조할아버지

나는 아시아계 미국인이야.

살색이라고 부르지 않는다

옛날에는 백인이나 흑인처럼 피부색으로 인종을 나눴다. 이 방식은 단순히 겉으로 드러나는 특징만으로 인간을 구분한다. 이런 인종 개념은 차별로 이어지기 쉽다. 한국에서는 살색이라고 부르던 연한 살구빛 주황색을 살구색이라고 바꿔서 부른다. 모두의 피부색이 다른데, '살색'이라는 특정한 색으로 구분할 수 없기 때문이다.

물건의 이름을 붙인다

사물의 이름으로 피부색을 나타낼 때가 있다. 특히 화장품에 어울리는 피부색을 표시할 때 붙이는 이름이 개성 있다. 복숭아나 올리브, 캐러멜처럼 쉽게 이미지가 떠오르는 사물의 이름으로 어떤 피부색일지 표현하는 경우가 많다.

복숭아 / 캐러멜 / 올리브

신체의 차이

머리카락의 색

사람들은 염색하거나 가발을 써서 자신이 좋아하는 색상으로 개성 있게 머리카락을 표현한다. 그래서 세상 사람의 수만큼 머리카락 색상도 다양하다. 하지만 본래 인간 고유의 머리카락 색은 그다지 많지 않다. 당신이 알고 있는 머리카락 색은 몇 개인가?

태양과 싸우는 용감한 수호자

▶ 검은색

마치 어두운 밤처럼 차분한 인상의 새까만 머리. 검은색은 세계 어디에서나 볼 수 있는 머리카락 색이다. 적도 부근처럼 햇살이 강한 지역에 사는 사람들은 자외선으로부터 머리를 보호해야만 한다. 그래서 햇살을 반사하는 멜라닌 색소가 늘어났고, 그 영향으로 머리가 검게 진화한 것이다. 마치 적의 공격을 막으려 방패를 든 전사 같다.

▶ 갈색

검은색보다는 옅고 빨간색보다는 진한 갈색 머리카락. 세계 어디에서나 볼 수 있는 이 머리카락은 지역과 개인에 따라서 색상의 폭이 넓다. 특히 사계절의 변화가 뚜렷하고 햇빛의 양이 적은 지역에서 자주 볼 수 있다. 검은 머리처럼 보이는 한국인은 사실 대부분이 갈색 머리카락이다.

진한 색부터 연한 색까지

얼굴은 하얘졌는데 머리는 빨개졌어요.

▶ 빨간색

마치 붉게 타오르는 불꽃 같은 빨간 머리카락. *《빨강 머리 앤》으로 우리에게 친숙한 이 머리카락은 추운 지역에서 많이 볼 수 있다. 이 지역은 해가 떠 있는 시간이 짧아서 성장에 필요한 영양소를 만드는 햇살을 받기가 상당히 어렵다. 그래서 하얀 피부를 통해 햇살을 받도록 진화했다. 머리카락 색이 빨갛게 된 것 역시 햇살의 영향 때문이다.

모두가 부러워하는 신의 색

신을 따라 하는 것이 유행

▶ 황금색

반짝반짝 빛나는 황금색 머리카락. 태어날 때부터 머리카락이 황금색인 사람은 전 세계 인구의 50명 중에서 한 명 꼴이다. 대략 1만 년 전에 돌연변이로 생겨난 색인데 먼 옛날부터 인간이 동경하는 색이었다. 고대 그리스에서는 신들의 머리카락이 황금색이었다는 이유로 금발로 염색하는 것이 유행하기도 했다.

안녕~ 잘 가, 멜라닌

▶ 흰색

노년층을 상징하는 흰색 머리카락. 흰색 머리카락은 나이를 먹으면서 멜라닌 색소가 적어지고 무색투명해진 탓이다. 이 상태에서 햇빛을 반사하면 머리가 하얗게 보인다. 젊었을 때는 머리색이 다르더라도 나이가 들면 모두 하얗게 변한다. 백색증인 사람 중에도 흰 머리카락이 있다. 눈 속에 몸을 숨겨 사냥하는 북극곰 역시 무색투명한 털이다.

신체의 차이

머릿결

인간은 다른 동물에 비해 털이 적은 편이지만 머리에는 머리를 보호하는 머리카락이 수북하게 나 있다. 머리카락은 똑바로 자라기도 하고 돌돌 말려서 자라기도 한다. 그것 역시 인간이 진화하는 과정에서 살아남기 위해 생긴 기능이다.

천연 오리털 재킷

▶ **직모**

직모는 절단면이 둥글고 곧게 자라는 머리카락이다. 일반적으로 머리카락이 굵은 경우가 많은데, 머리카락이 굵을수록 빈 공간이 잘 생긴다. 그러면 빈 공간에 공기가 들어가 마치 오리털 재킷처럼 따뜻함이 유지된다. 추운 지역에 사는 사람들의 머릿결이 직모인 경우가 많은데, 혹독한 추위로부터 몸을 지키기 위해 진화한 결과이다.

빛을 모으기 위해 진화했습니다.

▶ **파상모**

파상모는 파도처럼 물결치는 듯한 아름다운 머리카락이다. 구불구불한 물결 모양의 머리카락 단면은 타원형이다. 햇살이 적은 지역에서 햇빛을 효율적으로 받기 위해 머리카락의 *표면적을 넓히는 형태로 진화한 것이다. 식물이 광합성을 위해서 나뭇잎을 많이 만드는 것과 똑같은 이유이다. 그리고 지역과 개인에 따라서 직모와 섞여 있는 경우도 있다.

▶ **축모**

축모는 가늘고 꾸불꾸불한 게 특징이다. 곱슬머리의 경우 두피 사이에 틈이 생겨 공기층이 생긴다. 그러면 두피의 온도가 지나치게 올라가는 걸 막아 더운 날에도 뽀송뽀송하게 지낼 수 있다. 적도 바로 아래, 햇살이 강렬한 지역에 사는 사람들은 두피를 보호하기 위해 축모로 진화했다. 곱슬곱슬한 모발을 세워서 둥글게 자른 아프로 헤어가 유명하다.

푹신푹신하게 펼쳐진다!

▶ **염전모**

나선 모양으로 꼬인 머리카락을 '염전모'라고 부른다. 머리카락 중간에 평평한 부분이 있어서 구불구불하면서 붕 떠 보인다. 염전모는 대부분 *유전 때문인데 사춘기 이후에 직모로 변하는 경우도 많다. 반면, 두피에 직접 자외선을 많이 쬐거나 생활 습관 때문에 염전모로 변한 사람도 있다.

공기가 드나들어 아주 쾌적해.

▶ **연주모**

머리카락이 팽창하다가 가늘어지는 것이 특징인 연주모는 마치 비즈를 이어 놓은 것처럼 보여서 '비즈 헤어'라고도 불린다. 눈으로 봐서는 잘 모르지만 만져 보면 거칠거칠해서 마치 강력하게 구불거리는 파마를 한 것 같은 질감이다. 아프리카계 사람들에게 많이 볼 수 있는 머릿결이다.

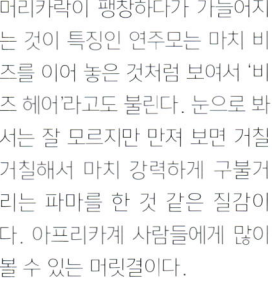

마치 비즈를 엮어 놓은 느낌이야.

신체의 차이

연령

인간은 번데기가 나비가 되는 것처럼 극적인 성장 단계를 보이지는 않는다. 하지만 분명한 것은 나이를 먹을수록 인간의 몸과 마음은 변한다. 갓 태어난 아기부터 오랜 세월을 살아온 노인까지, 이 세상에서 함께 살아가는 다양한 연령의 사람들을 살펴보자.

★ 여기서는 심리학자 에릭슨이 주장한 발달 단계를 기초로 소개했다.

▶ **유아기** (태어난 직후~18개월 무렵)

이제 막 세상에 태어난 아기의 단계를 '유아기'라고 한다. 아기가 마냥 우는 건 부모와 의사소통을 하기 위해서이다. 자신이 원하는 것을 부모에게 알리고 싶어서 운다. 아직 혼자서는 아무것도 할 수 없으니 부모의 도움을 받으면서 신뢰감을 키운다. 사람은 모두 주변 사람의 도움을 받으며 성장한다.

응애!(나를 돌봐주세요.)

뭐든 다 해 볼 거야!

▶ **전기 아동기** (18개월~만 3세 무렵)

걷거나 말하기 시작하는 전기 아동기는 18개월 무렵부터 시작된다. 이 시기의 아이들은 무슨 일이든 관심이 많고 재미있어 한다. 많은 일에 도전해 보고 자신감을 얻으면 또다시 도전하고 싶어 한다. 또한 자신이 실패했던 일에 대한 부끄러운 감정이 싹트기 시작한다. 혼자서 화장실 가 보거나, 옷을 갈아입는 것은 이 무렵에 익힌 것이다.

▶ **놀이기** (만 3세~5세 무렵)

대장놀이나 소꿉놀이에 흥분하는 시기는 만 3세~5세 무렵의 놀이기이다. 주변 세계에 강한 흥미를 느끼고 이런저런 일에 스스로 도전하기 시작한다. 부모에게 "왜 그런 거야?"라는 질문을 많이 하는 시기이기도 하다. 놀이를 통해 실패와 성공을 비롯한 성취감 등을 배우는 매우 중요한 시기이다.

이 세상에는 신기한 일들이 가득해!

▶ **학령기** (만 5세~12세 무렵)

학령기는 공부와 운동 연습을 반복하면서 자신감이 생기고 자기가 어떤 분야를 잘한다는 감각에 눈을 뜨는 시기이다. 그러니 포기하지 말고 다양한 일에 도전하면 미래의 가능성은 상당히 넓어질 것이다. '숙제하기 귀찮아!', '운동하기 싫어!' 이런 생각이 들 수도 있겠지만 힘을 내서 무엇이든 열심히 도전해 보자.

나는 무엇을 잘할까?

▶ 청소년기
(만 12세~18세 무렵)

인간은 누구나 아이에서 어른이 된다. 어른이 되기 직전의 청소년기에는 나는 누구인지, 나의 미래는 어떨지, 고민이 상당히 깊어진다. 이런 고민은 자신의 내면을 확립하기 위한 행동이다. 그렇게 스스로 선택한 길을 믿고 나아가면서 가족으로부터 벗어나 독립할 준비를 한다.

변화하는 몸과 마음

사춘기 (만 12세~15세 무렵)

사춘기는 청소년기 중 전반기를 뜻한다. 이 시기에는 스스로 어떤 사람이라는 자아를 만들어 간다. 급격한 성장으로 호르몬 균형이 깨지는 경우가 많고, 몸과 마음이 쉽게 불안정해진다. 이런 과정을 거쳐서 어른이 된다.

나는 누구일까?

새로운 세상에 온 걸 환영해.

▶ 초기 성인기
(만 18세~40세 무렵)

가족이나 학교처럼 지금까지 맺었던 인간관계는 이미 갖춰진 인간관계이다. 하지만 초기 성인기부터는 드디어 어른의 세계로 들어간다. 자신의 힘으로 새로운 인간관계를 구축해야 하는 이 시기에 필요한 것은 바로 '사랑'이다. 가족과 친구들과 친밀한 관계를 유지하면서 많은 사랑을 주고받자. 사랑은 앞으로의 인생을 행복하게 만들 가장 중요한 요소이다.

▶ 성인기
(만 40세~만 65세 무렵)

성인기에 들어가면 시력과 기억력 같은 몸의 기능이 조금씩 퇴화한다. 그리고 또 다른 특징으로는 자신의 시간과 에너지를 어린아이나 젊은 사람들에게 쓰는 일에 보람을 느낀다. 자식과 손자가 성장하는 모습을 보며 즐거움을 느끼는 사람이 많다. 직장에서는 책임감 있는 자리를 맡는다. 다른 사람들이 의지를 하는 시기라고 할 수 있다.

다음 세대를 길러 나아지.

제2의 인생을 시작하자.

▶ 노년기 (만 65세 이상 무렵)

할아버지, 할머니라고 불리는 세대인 노년기는 인간의 성장에서 가장 마지막 단계이다. 이 시기가 되면 죽음을 생각하며 그동안 살아온 인생을 되돌아보게 된다. 그렇지만 요즘 한국인의 평균 수명은 80세를 넘었으니 남은 인생이 아직 길다. 요즘에는 젊은 시절에 하던 일에서 물러난 후, '인생 이모작'이라고 해서 취미를 찾거나 새로운 일에 도전하는 사람이 많아졌다.

신체의 차이

내성

생물은 기온이나 음식물처럼 몸의 외부에서 영향을 주는 요인에 맞서 스스로를 지키는 힘이 있다. 그 힘이란 인간이 오랜 역사 속에서 갖게 된 내성과 밀접한 관련이 있다. 물론 내성은 개인이 살아온 환경에 따라 저마다 다르다. 당신에게는 어떤 내성이 숨어 있을까?

배가 부글거리지 않는 사람도 있다.

▶ 우유

우유는 칼슘이 풍부해서 학교 급식에 자주 나오는 음료이다. 그런데 우유를 너무 많이 마시면 배가 부글부글 끓는 사람도 있다. 사실 전 세계 많은 사람이 우유에 들어 있는 일부 성분을 분해할 능력이 없다. 우유에 내성을 가진 사람은 10명 중에 한 명꼴이다. 북유럽이나 서유럽에 사는 사람들은 옛날부터 우유를 자주 마셔서 내성이 있는 사람들이 많다.

단련된 평형 감각

▶ 차멀미

똑같이 차를 타고 가는데 왜 어떤 사람은 멀미를 하고 어떤 사람은 아무렇지 않은 걸까? 우리 몸에는 몸의 균형을 잡아 주는 '반고리관'이라는 부위가 있는데, 심한 진동이나 회전으로 반고리관에 이상 반응이 생기면 기분이 나빠지고 차멀미가 생긴다. 평소에 차를 자주 타거나 발레 연습으로 *평형 감각을 단련한 사람은 차멀미를 하지 않는다.

▶ 극한 매운맛

매운맛은 사실 맛이 아니라 통증이다. 매운 음식에 포함된 성분이 혀 신경을 쿡쿡 자극하면 맵다는 감각을 느낀다. 매운 음식을 잘 먹는 사람은 그런 통증을 기분 좋게 느끼는 통증 내성이 있는 사람이다. 매운 음식을 꾸준히 먹으면 자극에 강해진다. 만약 매운 음식을 좋아하는데 먹기 힘들면 매일 조금씩 먹어서 단련해 보자.

이 통증에 중독됐어!

땀을 흘리는가? 땀을 흘리지 않는가?

▶ 추위와 더위

추위에 강한 사람이 있는가 하면 더위에 강한 사람이 있다. 일반적으로 추위에 강한 사람은 땀을 잘 흘리지 않아서 몸에서 만든 열을 내보내기가 힘들다. 반대로 더위에 강한 사람은 땀을 많이 흘려 열을 쉽게 빼앗긴다. 이런 차이는 부모 중 내성이 있거나, 태어나고 자란 곳의 환경이나 개인의 체형 때문이다.

서로 도우며 살아가자.

▶ 아침형 인간, 저녁형 인간

'아침에 일찍 일어나는 새가 먹이를 잡는다'는 말이 있지만 아침잠이 많은 사람은 아침에 일찍 일어나기가 괴롭다. 사실 아침형 인간인지 저녁형 인간인지는 태어나면서부터 정해진다. 아주 먼 옛날, 인간은 사방에 맹수 같은 적으로 둘러싸여 있었다. 그러다 보니 아침형 인간과 저녁형 인간, 두 종류의 인간이 서로 번갈아 가며 망을 봐야 했다. 함께 의지하면서 살아온 인간의 역사가 몸에 남아 있는 것이다.

영차영차! 일 잘하는 효소

▶ 술

술이 센 사람이 있는가 하면 술을 한 모금도 마시지 못하는 사람도 있다. 이런 차이점이 생기는 원인은 바로 알코올을 분해하는 *효소 때문이다. 유럽이나 아프리카계 사람들은 대부분 알코올 분해 효소가 있지만 동아시아계 사람들은 40퍼센트 정도만 있다. 어린이는 알코올 분해 효소가 작동하지 않아서 술을 마시지 못한다.

▶ 꽃가루

에취! 하고 재채기와 콧물을 흘리게 하는 꽃가루 알레르기. 재채기를 하는 이유는 몸 안에 들어온 꽃가루를 적이라고 판단해 밖으로 밀어내기 위해서이다. 인간의 몸속에는 꽃가루를 저장할 수 있는 기능이 있는데 그 용량은 사람마다 다르다. 내 몸에 들어온 꽃가루가 용량을 넘으면 알레르기 반응이 생긴다. 몸 안에 꽃가루를 담는 컵이나 양동이가 있다는 상상을 하면 이해하기 쉬울 것이다.

넌 커다란 양동이가 있구나.

신경 쓰지 않으면 아무것도 느껴지지 않아.

▶ 해조류

김과 미역 같은 해조류는 우리 식탁에 빠질 수 없는 식재료이다. 해조류를 자주 먹을 수 있는 이유는 해조류를 소화시키는 장내 세균이 있기 때문이다. 바닷가 주변에 사는 사람들은 꾸준히 해조류를 먹어서 해조류에 대한 내성이 생겼다. 구운 김이나 미역국에 들어 있는 미역처럼 가열한 해조류는 내성이 없더라도 누구나 먹을 수 있다.

바닷가에 살면 이것쯤이야.

▶ 스트레스

스트레스는 외부의 자극을 말한다. 하고 싶지 않은 일이나 익숙하지 않은 일들이 계속해서 생기면 몸과 마음의 상태가 나빠진다. 자잘한 일에 신경을 쓰지 않는 긍정적이고 대범한 사람일수록 스트레스에 대한 내성이 있고, 성실하고 예민한 사람일수록 내성이 없다. 연구에 의하면 아시아인이 서양인에 비해 스트레스 내성이 낮다고 한다.

신체의 차이

버릇

나에게는 어떤 버릇이 있을까? 버릇은 자신도 모르는 사이에 불쑥 나와 버리는 행동이다. 버릇은 부정적인 이미지가 있어서 남의 눈총을 받기 쉬운데, 사실 버릇은 몸이 보내는 은밀한 메시지일 수도 있다. 여기서는 버릇을 통해 몸이 말하는 이야기에 귀를 기울여 보자.

▶ 다리 떨기

정신없이 다리를 떠는 자신의 모습을 발견한 적은 없는가? 다리를 떨면 어른들에게 버릇이 나쁘다는 꾸중을 듣기 십상이다. 다리를 떠는 이유는 마음이 불안해지면 다리의 움직임을 저지하는 뇌 기능이 떨어져서 다리가 제멋대로 움직이기 때문이다. 마음을 진정시키기 위해서 무의식적으로 나오는 이 버릇은 전 세계 사람에게 쉽게 볼 수 있다.

▶ 머리카락을 만진다

머리카락을 손가락으로 둘둘 말거나 위로 잡아 올리는 버릇은 머리가 긴 여성에게 많이 볼 수 있다. 그런데 이 버릇은 사실 머리를 어루만져 달라는 얘기를 대신한 행동이라고 한다. 사람들은 편안함을 얻기 위해 무의식적으로 머리카락을 만진다. 턱이나 입을 만지는 것 역시 마음의 안정을 얻기 위해서라고 한다.

사실은 누군가에게 기대고 싶어.

몸이 떨리니까 마음도 떨린다.

▶ 손톱을 깨문다

손톱을 깨무는 것은 무엇에 집중하거나 긴장했을 때 지나치게 활성화된 뇌의 기능을 안정시키기 위한 인간의 본능 중 하나이다. 전 세계 수많은 사람이 갖고 있는 버릇인데, 일본의 장군 도쿠가와 이에야스 역시 운명을 가르는 대규모 전투를 벌일 때는 연신 손톱을 깨물고 있었다고 한다. 그 역시 긴장했던 걸까?

나의 뇌여 침착하라.

자신을 지키는 방어벽

▶ 팔짱 끼기

팔짱을 낀 사람을 보면 어쩐지 건방진 이미지가 떠오른다. 하지만 가슴 앞에서 팔짱을 끼는 것은 심장과 폐처럼 중요한 부위를 무의식적으로 보호하려는 것이다. 무서운 일이 생기거나 상대방을 경계할 때 나오는 버릇이다. 팔짱을 껴서 자신을 보호하려는 마음의 표현인 셈이다. 겉으로는 세 보여도 마음속으로는 겁내고 있을지도 모른다.

▶ 감탄사 연발하기

어, 아, 음, 같은 대화를 나누다 막혔을 때 나오는 의미 없는 감탄사는 입버릇의 일종이다. 감탄사가 나오는 이유는 다양하다. 다음 이야기를 생각할 시간을 벌기 위해서, 자연스럽게 다음 단어를 말하기 위해서, 혹은 대화 중에 잠깐이라도 생기는 침묵이 두려워서 감탄사를 내뱉는 사람도 있다. 대화를 능수능란하게 조절하고 싶은 마음의 표현이다.

대화의 윤활유

콜록콜록! 목이 말랐다는 신호

▶ 기침

목이 막혀 답답해지면 콜록콜록 나오는 기침! 무의식적으로 기침이 나오는 건 긴장이나 스트레스 때문일 수 있다. 사람은 긴장하면 침이 덜 생겨서 목이 건조해지고 기침이 나온다. 그런 때는 물을 한꺼번에 많이 마시지 말고 입 안이 촉촉해지도록 천천히 마시는 것이 더 좋다. 긴장하고 있다면 한번 시도해 보자.

뚝뚝 소리가 나지만 부러진 건 아니야.

▶ 관절 꺾기

손가락이나 목에서 뚝뚝 소리가 나도록 관절을 꺾는 것은 뭐라고 표현할 수 없는 시원함이 있다. 그래서 관절 꺾기가 버릇이 된 사람이 많다. 이 소리는 손가락이나 목이 부러져서가 아니고 관절 내부를 채우는 액체의 기포가 터져서 나는 소리이다. 소리가 난다고 해서 건강에 영향을 주는 건 아니지만 상대방을 위협하는 의미도 있으니 때와 장소를 가려서 하자.

살짝 집어 들면 인사하는 새끼손가락

▶ 새끼손가락 들기

컵이나 마이크를 쥘 때 새끼손가락을 들어 올리는 사람을 본 적이 있을 것이다. 사실 이 행동은 우리 몸의 구조와 관계 있는데, 뭔가를 살짝 잡을 때는 새끼손가락이 올라가지만 세게 쥘 때는 올라가지 않는다. 새끼손가락을 드는 버릇이라기보다 물건을 살짝 집는 버릇이라고 말하는 것이 좀 더 정확하다.

▶ 한숨

한숨을 쉬면 복이 달아난다는 이야기를 들어 본 적은 없는가? 한숨은 피곤하거나 크게 실망했을 때 주로 나오지만 간혹 버릇처럼 한숨을 쉬는 사람도 있다. 만약 나도 모르게 한숨을 자주 쉰다면 마음이 휴식을 하라고 신호를 보내는 것이다. 어쩌면 주변 사람의 도움을 필요하다는 마음의 표현일지도 모른다.

마음의 공기가 새어 나왔네.

그 밖의 신체의 차이

온도 조절 기능이 있어요.

● 코

공기를 들이마시는 데 필요한 코. 하지만 차가운 공기가 직접 폐로 들어오는 것은 상당히 위험하다. 그래서 추운 지역에 사는 사람들은 들이마신 공기가 코 점막과 접촉해서 따뜻하게 데워진 후에 폐로 들어가도록 코 폭이 좁고 높다랗게 진화했다. 반대로 온난하고 습도가 높은 지역에 사는 사람의 코는 공기가 직접 코 안쪽으로 들어오도록 낮고 평평한 형태가 됐다.

● 키

어떤 연구에 따르면 키는 유전이나 영양뿐만 아니라 환경의 영향도 받는다. 기온이 낮은 지역일수록 키가 크다고 한다. 예를 들어 피그미족 사람들은 온난한 정글에서 살아서인지 적은 에너지로도 살 수 있는 왜소한 몸이다. 하지만 예외도 있는데, 더운 사막에 사는 딩카족은 열을 몸에서 내보내기 위해 몸집이 매우 커다랗다.

기온이 낮을수록 키가 크다?

150센티미터 정도 — 피그미족
170센티미터 정도 — 한국인
180센티미터 정도 — 네덜란드인
2미터 정도 — 딩카족

*성인남성

왼손잡이 오른손잡이
양손잡이

● 자주 쓰는 손

글씨를 쓰거나 밥을 먹을 때 주로 어느 쪽 손을 사용하는가? 자주 쓰는 손은 거의 유전으로 결정된다. 그런데 사람이 대부분 오른손잡이라 도구도 오른손잡이용이 많다. 왼손잡이는 10명 중에 한 명 정도로 드물다. 야구나 권투처럼 상대가 있는 운동에서는 왼손잡이가 유리하다.

인류의 존속을 위하여!

● 혈액형

A형, B형, O형, AB형은 혈액의 종류를 'ABO식'이라는 방식으로 분류한 것이다. 혈액에 종류가 생긴 이유는 인류가 멸종을 피하는 쪽으로 진화했기 때문이라고 한다. 인간의 혈액형이 달라진 덕분에 바이러스는 인류 전체에 퍼지기가 어려워졌다. 혈액형을 성격 진단에 이용하기도 하는데 과학적인 근거는 없다.

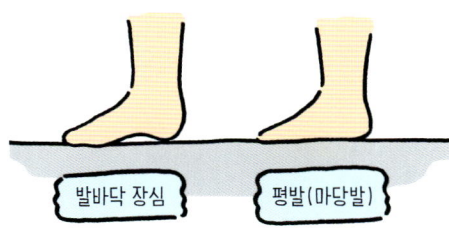

현대인이 잃어버린 것

● 발바닥 장심

자신의 발바닥을 한번 살펴보자! 발 안쪽에는 움푹 파인 곳이 있는데 그곳을 '장심'이라고 한다. 장심이 있으면 균형을 잡기가 쉽고 자세가 좋아진다. 하지만 계속 앉아만 있는 현대인 중에는 장심이 사라진 사람이 많다. 장심이 없는 발을 '평발' 혹은 '마당발'이라고 부른다.

기온에 따라 옷을 갈아입듯

 홑꺼풀   쌍꺼풀

 속쌍꺼풀

● 눈꺼풀

인간은 원래 쌍꺼풀이 있었다. 그런데 지금은 홑꺼풀인 사람도 많다. 대체 눈꺼풀의 차이는 왜 생겨났을까? 추운 곳에 살던 사람들은 눈을 뜨면 눈이 그대로 추위에 드러났다. 그래서 추위로부터 눈을 보호하기 위해 지방층이 두터운 홑꺼풀로 진화했다. 보기에는 사소한 차이지만 거기엔 인간의 역사가 담겨 있다.

● 지문

손끝 안쪽을 잘 살펴보면 희미한 무늬가 있는데 이것을 '지문'이라고 한다. 지문은 물건을 쥘 때 미끄러지지 않게 하고 손끝의 자극을 쉽게 느끼게 하기 위해서 있는 것이다. 지문의 형태는 대체로 세 종류로 나뉜다. 손가락마다 형태가 다른 경우가 많고, 세 종류 전부를 갖고 있는 사람도 있다. 지문은 사람마다 모두 달라서 도장 대신 사용하기도 한다.

세계에 하나뿐인 모양

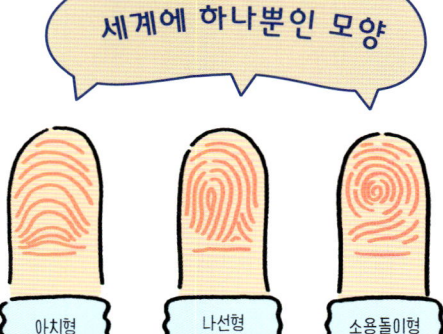

아치형 나선형 소용돌이형

어째서 다른걸까……?

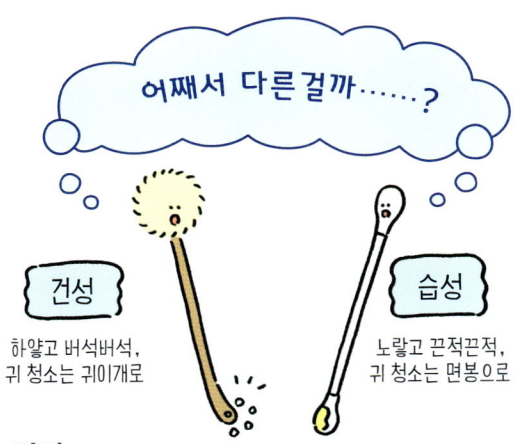

건성 - 하얗고 버석버석, 귀 청소는 귀이개로

습성 - 노랗고 끈적끈적, 귀 청소는 면봉으로

● 귀지

귀에 들어온 먼지나 오래된 세포 덩어리가 모여서 생기는 귀지는 두 종류가 있다. 버석버석한 건성 귀지와 끈적끈적한 습성 귀지이다. 한국, 중국, 일본처럼 동아시아에는 건성 귀지인 사람이 많지만 그 밖의 지역에선 습성 귀지인 사람이 많다. 어떤 주장에 따르면 추위에 대응하거나 감염에 저항하기 위해서 차이가 난다고 한다.

모두 모여라!

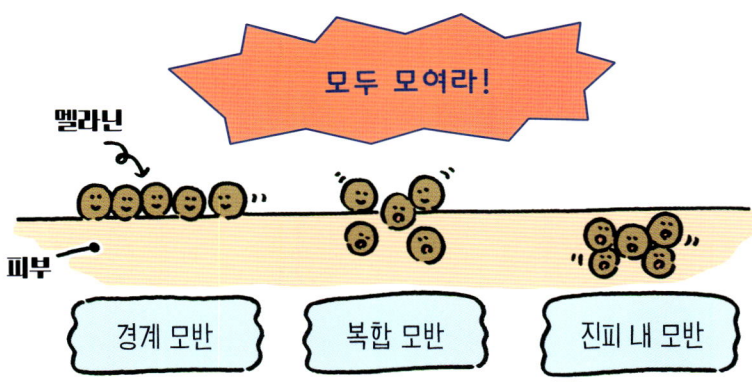

멜라닌 / 피부

경계 모반 복합 모반 진피 내 모반

● 점

얼굴과 팔을 비롯해 몸 여기저기에 나 있는 점의 정체는 피부에 색을 입히는 멜라닌 색소가 한곳에 모인 것이다. 색소가 모이는 이유는 햇빛(자외선)의 자극으로부터 피부를 보호하기 위해서라는 주장이 있다. 그리고 점이 피부에서 어느 정도 깊이에 있는지에 따라서 세 종류로 나뉜다.

생활의 차이

배가 고프면 밥을 먹고, 몸이 피곤하면 집에 가서 쉰다. 이렇게 살아가기 위해 필요한 활동을 '생활'이라고 한다. 그런데 똑같은 사람일지라도 처한 환경에 따라서 생활하는 모습이 각양각색이다. 예를 들어 얼음으로 집을 지어 살기도 하고 추워서 벼가 자라지 않는 곳에서는 쌀이 아닌 다른 음식을 먹어야 한다. 맹수가 많아서 위험한 곳에서는 무기를 갖고 살아야 한다. 여기서는 주어진 환경에 맞춰 풍요롭게 살아가려는 인간의 생활을 들여다보자.

생활의 차이

집

집은 비와 햇빛을 막아 주고, 적에게서 몸을 지켜 주고, 인간의 생활을 풍요롭게 해 준다. 전 세계 모든 지역에 집이 있는데, 사람들은 저마다 자기 주변에 있는 소재를 이용해서 집을 짓는다. 각자 처한 환경을 극복하기 위해 만든 창의성이 가득한 집을 살펴보자.

▶ 이글루

이글루는 '눈의 집'이라고 하는데, 알래스카처럼 추운 지역에서 볼 수 있는 집이다. 이누이트족 사람들은 고기를 얻기 위해 이동하면서 생활한다. 그래서 주변에 흔한 눈과 얼음을 이용해 언제 어디서든 바로 집을 만들고 거기서 산다. 눈 속의 공기가 열을 밖으로 빠져나가지 못하게 해서 실내는 외부 온도보다 40도에서 60도 이상 높다.

얼음 속이지만 따끈따끈해!

안에는 가죽을 붙여 놨지.

끈적끈적한 여름에 지지 않을 거야.

▶ 일본 가옥

일본 사람들이 옛날부터 살던 집이다. 일본에는 흙과 나무가 많은데 그걸 재료로 집을 지으면 공기가 잘 통한다. 기온과 습도가 높은 일본의 여름에 안성맞춤인 집이다. 목재를 구하기 쉬운 일본에는 기본적으로 목조 주택이 많다. 또 비가 많이 내려 신발에 흙이 묻어서 쉽게 더러워지니 집 안에서 신발을 벗는 습관이 생겼다.

가축과 함께 사는 삶

▶ 게르

몽골의 *유목민은 계절이 바뀌면 가축이 살기 편한 장소로 이동해서 산다. 그들은 텐트처럼 조립해서 만든 '게르'라는 집에서 사는데, 나무로 골조를 세우고 그 주위를 양이나 염소의 털로 누빈 펠트를 덮는다. 성인 둘셋이 힘을 합하면 대략 두 시간 정도면 만들 수 있다고 한다. 다른 곳으로 이동할 때는 분리해서 새로운 땅에서 다시 조립한다.

▶ 샤보노

아마존에 사는 야노마미 부족의 집 샤보노는 규모가 상당히 크다. 여러 가족이 모여 150명 정도의 사람들이 한 집에 산다. 정글을 불태워서 만든 광장을 나무와 나뭇잎으로 둥글게 에워싸서 하나의 집합 주택을 만든다. 집은 공공의 공간이라서 경계가 없고 사생활이 훤히 다 보인다. 개인적인 시간이 필요할 때는 오히려 집을 나와 숲속으로 간다.

개인의 공간은 숲속

▶ 한옥

한국은 겨울이 상당히 추워서 옛날부터 '한옥'이라는 집을 짓고 살았다. 한옥의 가장 큰 특징은 난방 장치인 '온돌'이다. 부뚜막에서 불을 지피면 방바닥 아래의 빈 공간으로 그 열기가 들어가 온 집 안을 덥힌다. 온돌의 영향을 받아 예전에는 다리가 달린 가구들이 많았다. 한국인의 생활은 온돌을 중심으로 변화했다고 말할 수 있다.

생활을 바꿔 준 온돌

▶ 트리 하우스

나무 위에 만든 트리 하우스는 나무가 무성하게 자라는 정글에서 자주 볼 수 있다. 다른 민족, 독사, 맹수 같은 위험한 존재에서 몸을 지키기 위해서 생겨난 집이다. 요즘에는 민족 사이의 전투가 줄어서 트리 하우스의 숫자도 줄어들었다. 하지만 은신처 같은 매력이 있어서 굳이 정글이 아니어도 별장이나 놀이터의 목적으로 트리 하우스를 짓기도 한다.

몸을 지켜 주는 비밀 기지

▶ 땅속의 집

아프리카에는 넓은 황야의 땅굴 속에서 살아가는 사람들이 있다. 베르베르 부족은 땅에 거대한 구멍을 파고 그 주변으로 또 방을 만들어 생활한다. 이들은 왜 구멍을 파는 걸까? 그 이유는 강력한 햇살과 적의 침략에서 몸을 지키기 위해서이다. 땅속 구멍은 멀리서 보면 아무것도 없는 것처럼 보인다. 적에게서 몸을 숨기기에 안성맞춤인 곳이다.

어라? 아무것도 없는데?

▶ 벽돌집

동화《아기 돼지 삼 형제》에서 벽돌집이 마지막까지 늑대의 습격을 받지 않았다는 사실을 모두 알고 있을 것이다. 흙을 건조시킨 후 가마에서 구운 벽돌은 유럽에서 자주 사용되는 집의 재료이다. 보온과 내구성이 뛰어나서 한번 만들면 몇백 년 동안 그 형태가 유지된다. 교회와 성처럼 역사적인 건물에도 벽돌을 많이 이용한다.

무너지지 않는 집의 대명사

▶ 토토라의 집

페루의 우루족은 호수 위를 유유히 떠다니는 섬 위에서 생활한다. 그런데 이 섬은 놀랍게도 사람이 직접 만든 것이다. 우루족은 '토토라'라는 갈대를 엮어서 섬뿐만 아니라 집과 가구까지 직접 만들어서 살아간다. 가족이 늘어나면 섬을 더욱 크게 만들 수도 있다. 다른 민족이나 침략자에게서 몸을 지키기 위해 호수 위에서 생활하기 시작했다고 한다.

호수에 떠 있는 모든 걸 직접 손으로 만들었어……

비를 모아 주는 발명품

▶ 오목 지붕 집

사막처럼 건조한 지역에서는 물 부족 현상이 심각하다. 서아프리카의 세네갈은 강우량이 적을 뿐만 아니라 바다가 가까워서 우물을 파도 소금물만 나온다. 먹을 물이 늘 부족한데, 그 문제를 해결하기 위해 만든 것이 바로 오목 지붕 집이다. 거대하게 파인 지붕 중앙에 구멍이 있는데, 그 구멍을 통해 집 안으로 귀한 빗물이 흘러 들어온다. 그 물을 저장해서 사용한다.

풀로 멋진 집을 만들 수 있다!

▶ 풀로 엮은 집

적도 근처의 아프리카에는 *사바나가 펼쳐져 있다. 사바나 지역에 사는 베딕족은 풀로 만든 삼각형 모양의 집을 짓고 산다. 이곳은 비가 거의 내리지 않아서 집에 비가 샐 염려는 적다. 바람이 잘 통하는 것이 이 집의 특징이다. 그 밖에도 습도가 높은 지역에서는 전통적으로 짚이나 억새 같은 식물을 엮어서 집을 만들었다.

▶ 동굴 집

동굴 안에 사람이 산다는 말을 들으면 몇 만 년 전에 살았던 사람들이 떠오르겠지만 그건 커다란 착각이다. 스페인 산간 지역에는 '쿠에바스'라는 동굴 집이 있다. *사암이나 *응회암의 경사면을 파헤쳐서 만든 쿠에바스는 여름에는 서늘하고 겨울에는 따뜻해서 사계절 내내 매우 쾌적하다. 여전히 많은 사람이 동굴 집에 살고 있다.

구멍이 있으면 숨고 싶다.

안은 동굴처럼 시원해.

켜켜이 쌓아 올린 역사

▶ 일건 벽돌집

진흙이나 점토에 물을 섞어서 반죽한 다음, 햇빛 아래서 자연 건조시키면 일건 벽돌이 완성된다. 일건 벽돌로 만든 집은 바람이 잘 통하고 실내 온도가 일정하게 유지되는 효과가 있다. 낮과 밤의 기온차가 큰 사막에서 이런 집을 짓고 살면 상당히 쾌적하다. 이 벽돌의 역사는 매우 길다. 기원전에 일건 벽돌을 사용해서 쌓은 피라미드는 지금도 건재하다.

소똥이랑 풀을 이용해서 집을 짓자.

▶ 소똥으로 만든 집

사바나는 초원 지대라 나무가 대부분 가늘고 키가 작아서 집 기둥의 재료로 쓰기엔 적합하지 않다. 그래서 사바나에 사는 마사이족은 집 기둥을 만들지 않고 벽으로 기초를 세운다. 잡초를 여러 겹 얽어서 돔 형태를 만든 다음, 흙과 소똥을 섞어서 그 위를 덮어씌운다. 벽이 바싹 마르면 완성이다. 바싹 마른 똥은 냄새도 나지 않고 비가 내려도 무너지지 않는다.

좁은 장소를 보다 효율적으로

▶ 집합 주택

한 건물에 여러 집이 모여 있는 형태를 '집합 주택'이라고 한다. 아파트와 빌라는 집합 주택에 해당한다. 좁은 토지에 보다 많은 사람이 살 수 있도록 연구해서 나온 결과물이다. 세계적으로 *인구 밀도가 높은 도심, 국토가 좁은 한국과 일본을 비롯한 아시아 국가에서 많이 보이는 집 형태이다. 집합 주택의 역사는 의외로 오래됐는데 기원은 고대 로마 시대이다.

하얀 장벽으로 더위를 반사하자!

▶ 하얀 집

스페인과 그리스처럼 지중해에 인접한 지역은 여름에 더워도 보통 더운 것이 아니다. 햇살도 강해서 기온이 40도를 넘는 날도 흔하다. 이런 지역에서는 일반적으로 집의 외벽을 새하얗게 칠한다. 흰색은 햇빛을 반사하기 때문에 집 내부가 쉽게 달아오르지 않고 습도도 높지 않아서 집 안이 쾌적하게 유지된다.

▶ 선상 주택

물고기를 잡아먹으면서 살아가는 필리핀 사마족의 집은 놀랍게도 물 위를 떠다니는 배이다. 배를 타고 이동하며 물고기를 잡고 식사를 하고 잠을 잔다. 물 위의 배는 이동 수단, 작업 도구, 주택이라는 세 가지 역할을 훌륭하게 해낸다. 최근에는 바다에 말뚝을 세워서 집을 짓는 사람도 있지만 그 옆에는 당연히 배가 있다. 사마족에게 배는 없어서는 안 되는 존재이다.

일석삼조!

▶ 트레일러 하우스

집처럼 보이면서도 자동차처럼 보이는 형태의 주택이 바로 트레일러 하우스이다. 이것은 정확히 말하면 집이 아니고 차로 분류된다. 다시 말해 거주가 가능한 차이다. 트레일러 하우스는 설치와 이사가 모두 편리하다는 장점이 있다. 여행을 좋아하거나 쉽게 싫증을 내는 사람에게는 아주 좋은 집이다.

집을 통째로 이사하기

▶ 잔디 지붕 집

노르웨이의 겨울은 혹독하게 추운데, 여름에는 햇살이 강해 더위도 만만치 않다. 지붕에 흙을 깔고 잔디를 심은 잔디 지붕 집은 그런 노르웨이의 기후에 안성맞춤이다. 겨울에는 잔디의 *단열 효과로 추위를 막고 여름에는 *증산 효과로 더위를 누그러뜨릴 수 있다. 요즘에는 이 아이디어를 본떠 높은 건물 옥상에 나무와 풀을 심는 곳이 늘어나고 있다.

자연의 힘은 위대해.

생활의 차이

음식

사람은 음식물을 통해 하루하루의 생활과 성장에 필요한 영양을 공급받는다. 그래서 음식을 먹는다는 것은 살아간다는 것 그 자체이다. 여기서는 전 세계 음식의 차이점을 그 나라 사람들이 주로 먹는 음식을 통해 소개하려고 한다.

▶ 자포니카 쌀(밥)

자포니카 쌀은 한국인과 일본인의 주식으로 친숙한 쌀이다. 이 쌀로 지은 밥은 에너지원으로 상당히 훌륭하다. 한국인과 일본인의 식사에서 반찬은 밥을 먹기 위한 보조 역할을 한다. 밥에 어울리는 된장국과 절임 음식도 발달했다. 자포니카 쌀은 입자가 둥그렇고 찰진 것이 특징이다. 비가 많이 내리고 물이 풍부한 동아시아에서 잘 자란다.

작은 입자에 숨은 커다란 힘!

전 세계에서 사랑받는 빵

▶ 빵

단팥빵이나 크림빵처럼 우리에게 친숙한 빵은 대략 8000년 전에 메소포타미아에서 탄생했다. 빵의 재료인 밀과 호밀은 춥고 건조한 유럽 기후에서 잘 자란다. 그래서 빵은 유럽을 중심으로 해서 전 세계로 퍼져 나갔다. 밀을 생산하는 지역이나 기후에 따라서 빵을 만드는 법이나 맛이 달라지는 것도 큰 특징이다.

음식 세계의 구세주!

▶ 감자

각종 찌개에 넣거나 쪄서 먹는 감자는 남미 안데스산맥 출신이다. 메마른 토지에서도 잘 자라고 며칠씩 보존할 수 있으며, 같은 면적에서 얻을 수 있는 수확량이 밀보다 훨씬 많다. 역사 속에서 작물이 부족했던 시기에 인류를 여러 번 구해 준 고마운 작물이다. 그래서 감자를 '구황 작물'이라고 부르기도 한다.

길고 긴 여행을 떠나자.

▶ 면

라면과 우동처럼 우리의 식탁에서 빼놓을 수 없는 면은 중국에서 왔다. 밀가루의 생지를 금방 익혀 먹을 수 있도록 가늘고 얇게 잘랐던 것이 면의 시초이다. 중국에서 *실크 로드를 거쳐서 이탈리아로 전해진 면이 변형되어 파스타가 되었다. 면이 기나긴 여행을 통해 전 세계로 퍼진 것이다.

우유 먹고 자랐어요.

▶ 우유

우유는 우리에게는 마시는 음료일 뿐이지만 아프리카의 마사이족에게는 주식이다. 그들이 사는 사바나의 초원 지대에서는 채소를 쉽게 구할 수가 없다. 그래서 소에게 풀을 먹여서 키운 다음 소젖이나 요구르트, 때로 소의 피를 받아서 먹는다. 우유와 소의 피는 따로 야채를 섭취하지 않아도 될 만큼 영양 만점이다.

▶ 고구마

파푸아 뉴기니의 고지대에 사는 사람들은 고구마가 주식이다. 400년 전 화산이 폭발한 이곳에 화산재가 쏟아져 내렸다. 화산재가 섞여서 영양이 풍부해진 흙과 고지대의 기후는 고구마가 자라기에 안성맞춤이었다. 그들은 고구마를 아주 좋아해서 20종이 넘는 고구마를 생산해 낸다. 그들의 식탁에 올라오는 음식도 대부분 고구마라고 한다.

화산이 있어서 얼마나 다행인지 몰라.

신이 내린 선물 옥수수

▶ 또띠아

옥수수 가루로 만든 얇게 구운 또띠아는 멕시코에서 가장 유명한 음식이다. 옥수수는 남미에서 가장 먼저 재배된 작물이고 신의 선물이라고 추앙받았다. 옥수수에 *석회를 부어서 부족한 비타민을 보충해서 먹은 것이 또띠아의 시초이다. 또띠아에 여러 재료를 넣고 말아서 먹는 타코는 전 세계에서 사랑받는 요리이다.

▶ 중국 만두

국토가 넓은 중국에서는 그 지역의 기후에 맞는 주식을 먹었다. 중국에서 먹었던 내용물 없는 만두는 찐빵과 비슷한데, 날씨가 춥고 밀이 재배되는 지역에서 자주 먹는다. 맛이 거의 없기 때문에 기름지고 맛이 강한 중국 요리와 상당히 궁합이 좋다. 우리가 알고 있는 만두는 이런 중국 만두가 진화한 것이다.

만두의 원조

아주 좋아!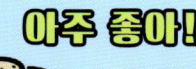

▶ 인디카 쌀

전 세계에서 먹는 쌀의 약 80퍼센트는 인디카 쌀이다. 자포니카 쌀과 달리 가늘고 기다랗게 생겼다. 중국과 동남아시아를 비롯해 일 년 내내 덥고 강우량이 많은 지역에서 주로 재배한다. 이 쌀은 수분이 적고 퍼석퍼석해서 볶음밥이나 카레 같은 국물을 부어서 먹는다.

볶아서 먹어도 좋고, 부어서 먹어도 좋지!

이게 없으면 요리가 안 되지!

▶ **페이정**

밥의 친구라고 하면 우리는 된장찌개와 김치를 떠올리지만 브라질에서는 밥과 페이정의 조합이 일반적이다. 페이정은 콩이라는 의미의 단어인데, 알갱이가 작은 콩을 양파와 마늘과 함께 삶은 요리도 페이정이라고 부른다. 브라질 사람들의 식탁에서 빼놓을 수 없는 늘 함께하는 음식이다.

날 디저트로만 먹지 말아 줘.

▶ **마토케**

바나나 중에 요리용 바나나가 있다는 사실을 아는가? 아프리카 우간다의 주식 중 하나는 놀랍게도 요리용 바나나를 이용한 '마토케'이다. 노랗게 익히기 전의 초록색 바나나를 으깬 다음 바나나 잎으로 감싸서 쪄 낸다. 거기에 소스를 뿌려서 먹는데 식감은 감자처럼 포슬포슬하고 단맛은 거의 없다.

▶ **파페다**

동남아시아에서 자라는 사고야자는 줄기 안에 *녹말을 비축해 둔다. 사고야자는 성장이 매우 빠르기 때문에 말려서 연료로 쓰거나 *발효시켜서 비료로도 쓴다. 심지어 식재료로도 이용한다. 사고야자의 전분을 가루로 만들어서 뜨거운 물에 녹인 파페다는 식감은 끈적끈적한 찹쌀떡 같은데, 특별한 맛이 없어서 보통 양념한 생선 스프와 함께 먹는다.

아무리 추위도 늘 당신 곁에

▶ **카샤**

냉면과 메밀국수의 원료인 메밀을 가장 많이 소비하는 나라는 놀랍게도 러시아이다. 메밀은 한랭한 기후와 메마른 토지에서도 잘 자라기 때문에 러시아의 차가운 기후에 딱 맞는다. 굵게 간 메밀로 만든 죽 카샤는 러시아 사람들에게 사랑받는 주식이다. 러시아의 스프 시치와 함께 먹어 보는 걸 추천한다.

나무지만 어엿한 식사랍니다!

▶ **포이**

보라색에 끈적끈적한 식감이 특징인 포이는 폴리네시아처럼 더운 지역에서 먹을 수 있다. 열대지방에서 자라는 타로토란을 쪄서 점성이 생길 때까지 갈아 끈적끈적해지면 포이가 완성된 것이다. 반찬과 함께 먹거나 팬케이크에 뿌려서 먹으면 좋다. 소화가 잘되고 영양가도 있어서 아기도 먹을 수 있다. 하와이에서는 포이를 신성한 음식물로 여긴다.

겉모습만 보고 무서워하지 말아요.

▶ 후후

후후 하고 웃음이 나올 것만 같은 귀여운 이름의 후후는 떡처럼 폭신폭신하고 부드러운 식감이 특징이다. 재료는 타로토란, 고구마처럼 생긴 카사바, 뉴질랜드 마오리족이 주로 먹던 얌감자이다. 감자류가 잘 자라는 서아프리카에서 자주 먹는다. 거의 맛이 없어서 스프나 전골 같은 요리와 함께 먹는다.

너무 부드러워서 웃음이 나오네.

▶ 곡물주

놀랍게도 술을 주식으로 먹는 사람들도 있다. 에티오피아 일부 지역은 극심하게 건조한데, 그런 환경에서 사는 사람들은 옥수수를 술로 담가서 주식으로 먹는다. 영양을 몸에 빨리 흡수시키기 위해서 액체로 만들어서 먹는 것이다. 단점은 소화가 너무 잘돼서 바로 배가 텅 빈다는 점이다. 많은 양을 들이마셔서 허기와 영양분을 채운다고 한다.

술주정뱅이는 아니랍니다.

▶ 차파티

인도인의 주식이라고 하면 난을 떠올리기 쉽지만 사실 그들의 주식은 '차파티'라고 불리는 빵이다. 이 빵은 일반적인 빵과 달리 발효시키지 않고 철판 위에서 굽기 때문에 납작하다. 발효가 필요한 난보다 과정이 번거롭지 않고 돈도 적게 들어 차파티가 주식으로 정착한 것이다. 쭉쭉 찢어서 카레나 스프에 찍어 먹는다.

이게 뭐예요?

▶ 원숭이

히말라야에 사는 라우테족 사람들은 원숭이 고기를 주식으로 먹는다. 그들은 한곳에 정착하지 않고 야생 원숭이를 찾아서 두 달에 한 번꼴로 이동을 한다. 원숭이를 주식으로 삼은 이유는 맛있기 때문이다. 그들은 원숭이를 너무나 좋아한 나머지 다른 동물은 거의 입에 대지 않는다. 숫자가 많이 줄기는 했지만 원숭이를 먹는 곳은 이 부족 말고도 또 있다.

너무 맛있어서 먹는 거예요.

▶ 바다표범

추운 곳에 사는 이누이트족이 먹는 음식은 놀랍게도 익히지 않은 바다표범 고기이다. 바다표범을 날것으로 먹어서 생존에 필요한 영양소를 섭취한다. 그들은 일 년의 대부분을 눈과 얼음에 둘러싸인 극한 속에서 지낸다. 주위에 나무와 풀이 없으니 불을 피워서 고기를 조리할 수도 없고, 채소를 키우기도 어렵기 때문이다.

야채가 없으면 생고기를 먹으면 되지.

생활의 차이

옷

귀여운 것부터 독특한 것까지 사람들이 매일 당연하듯이 입는 옷은 그 종류가 상당히 많다. 옷의 종류가 많은 이유는 단지 멋을 내기 위해서만은 아니다. 여기서는 옷에 숨은 편리한 기능과 의미를 배워 보도록 하자.

▶ 아노락

알래스카처럼 혹독하게 추운 지역에서 인간을 가장 위협하는 존재는 당연히 추위이다. 이곳에 사는 이누이트족은 바다표범의 털가죽으로 '아노락'이라는 따뜻한 코트를 만든다. 원시 시대 최초의 옷 역시 추위를 피할 수 있는 털가죽 옷이었다. 인간은 자신에게 부족한 힘을 동물들에게 빌려 살아남았다.

동물의 힘을 빌려 살아남았어.

▶ 가라비아

가라비아는 우리에게 피라미드로 친숙한 이집트에서 입는 옷이다. 일반적으로 흰색, 갈색, 검은색처럼 차분한 색상을 즐겨 입는다. 터번과 맞춰서 입는 사람도 있다. 사막 근방에 사는 그들에게는 공기가 잘 통하고, 햇빛을 통과시키지 않는 것이 옷의 가장 중요한 요소이다. 그래서 몸을 완전히 가리고 소매 끝이나 밑단이 넓고 풍성한 가라비아를 즐겨 입는다.

옷 속에 부는 산들바람

▶ 허리에 두른 도롱이

적도와 가까운 열대 우림 지역은 덥고 습기가 많기 때문에 상반신을 노출하고 다니는 사람들이 많다. 미크로네시아 섬 지역 사람들은 짚을 엮어서 만든 도롱이를 허리에 걸치고 상반신에는 기본적으로 아무것도 입지 않는다. 여성의 경우 가슴이 드러나지만 개의치 않는다. 다만 다리를 드러내는 것은 부끄러워해 기다란 도롱이를 늘 걸친다.

더운 곳이라 위에는 벗어야 해.

▶ 아바야

*이슬람교 국가에서는 여자가 맨 피부를 드러내는 것을 금기시한다. 여성의 피부를 가려 남성으로부터 보호한다는 오랜 관습 때문이다. 지역에 따라서는 '아바야'라고 하는 검은 망토처럼 생긴 옷을 입는 사람도 있다. 그런데 이 지역 여성들은 밖에서는 검은색으로 온몸을 감싸지만 집 안에서는 마음껏 화려함을 즐긴다.

남성으로부터 여성을 지켜 준다.

어떤 계절이든
입을 수 있지.

말과 친해질 수 있는 옷

▶ 델

몽골 유목민의 옷인 델은 추운 겨울을 견뎌 내도록 따뜻하게 만든 옷이다. 델은 유목민인 그들의 발이 돼 주는 말에 편히 앉을 수 있게 다리가 쉽게 벌어지는 옷이다. 혹시라도 말에게 상처를 입힐까 봐 금속 단추 같은 장식은 달지 않는다. 더불어 살아가는 말을 소중히 생각해서 만든 옷이다.

▶ 기모노

여름과 겨울의 기온 차가 큰 지역에서는 어떤 기후에서도 입을 수 있는 옷을 만든다. 일본의 전통의상 기모노 역시 그중 하나이다. 소매가 널찍하기 때문에 공기가 잘 통해 끈적끈적한 일본의 여름에 입기 좋은 의상이다. 한편 겨울에는 여러 겹의 옷을 껴입을 수 있다. 사계절에 맞춰서 편리하게 입을 수 있으니 여러모로 열심히 연구한 끝에 나온 옷이다.

▶ 붉은 흙

세상에는 생각지도 못한 다양한 재료로 옷을 만드는 사람들이 있다. 아프리카 나미비아 힘바족 여성의 옷은 놀랍게도 붉은 흙이다. 붉은 흙에 기름을 섞어서 피부에 덕지덕지 바른다. 이렇게 하면 피부가 햇빛에 그을리거나 건조해지는 것을 예방하고 벌레도 막아 주는 등 다양한 효과가 있다. 흙이 말라 빨개진 피부에 다양한 액세서리를 달고 화려함을 즐긴다.

붉은 몸은 흙의 색

옷이 화려한 이유가 있지.

▶ 콜트

눈보라 속에서 길을 잃으면 어떡하지? 사미족 사람들은 그런 걱정을 해결하기 위해 '콜트'라는 옷을 입었다. 추위가 극심한 북유럽에서 순록을 키우며 살아가는 사미족은 푸른 천에 붉은 띠 장식이 달린 옷을 입는다. 그 모습은 눈 속에서도 도드라져서 확실하게 알아볼 수 있다. 콜트는 귀여울 뿐만 아니라 살기 위해 열심히 노력한 결과물이기도 하다.

▶ 인디언 복장

아메리카 인디언의 이미지라고 하면 상의에는 화려한 술 장식, 머리에는 깃털을 꽂은 모습이 떠오른다. 인디언에게 이런 복장은 용감한 전사라는 증거이다. 깃털 장식은 하나하나가 목숨을 건 싸움을 했다는 공적을 나타내는데, 깃털이 전사를 지켜 주는 힘이 있다고 믿었다. 화려한 복장으로 권력을 드러내는 문화는 전 세계에 존재하는 것 같다.

용맹은 깃털에 달고

세계화가 반드시 좋은 것만은 아니지.

▶ 고와 키라

세계에서 제일 행복한 나라인 부탄에서는 남성은 '고'를 입고, 여성은 커다란 직사각형 천으로 만든 '키라'를 입는다. 부탄 사람들은 나라를 받들고 전통문화를 중요시해서 공적인 장소에서는 언제나 민족의상을 입는다. 부탄 사람들을 보면 새로운 것을 받아들이는 것이 반드시 행복으로 이어진다고 단정할 수 없을 것 같다.

▶ 위필

위필은 중남미에서 볼 수 있는 여성의 옷이다. 일반적으로 위필은 스스로 만들어서 입는데, 만드는 방식이 엄마에게서 딸에게 전해진다. 이 때문에 고대 마야 문명 시절부터 지금까지 형태가 바뀌지 않고 쭉 이어졌다. 옷의 색상이나 모양은 사는 지역이나 사회에 따라 결정되는데 평생 같은 모양의 위필을 입는 사람도 있다.

계속 이어 내려온 전통 기술

욕심이 없으니 옷도 필요 없지.

▶ 가사

가사는 스님이 걸치는 의상을 말한다. *불교의 탄생지 인도에서 승려의 몸에 두르는 천이었다. 가사는 '찢어진 천'이라는 의미인데, 모든 욕망을 버리기 위해서 물건을 소유하지 않았던 승려들이 누더기 천을 모아서 옷을 만든 것이 가사의 기원이다. 빛바랜 노란색은 걸레의 색깔을 의미한다.

▶ 사리

사리는 '좁고 기다란 천'을 의미한다. 인도 여성의 평상복으로 *힌두교에서 인정하는 의상이다. 국민의 신분이 확실하게 나뉜 인도에서는 입고 있는 옷으로 그 사람의 출신이나 신분을 알 수 있었다. 하지만 사리를 걸치면 눈으로는 신분을 알 수 없었다. 그렇게 사리는 인도 전역으로 퍼졌다.

몸과 신분을 가려 주는 옷

옷이 없으면 불을 쬐면 돼.

▶ 나체

남미의 가장 남쪽에 사는 야마나 족은 벌거벗은 채 살아간다. 이곳은 비가 많이 내리고 바람이 강하게 분다. 그래서 오히려 옷을 입고 있을 때 비가 내리면 옷이 젖고, 센 바람에 체온이 갑자기 뚝 떨어진다. 그래서 그들은 매서운 기후 속에서도 옷을 입지 않고 나체로 추위를 견딘다. 못 견디게 추운 날에는 모두 모여서 불을 쬔다.

시작은 한 장의 천에서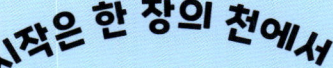

▶ 치마

치마가 여성만의 것이라고 생각한다면 그건 틀린 말이다. 원래 서양 의복의 역사는 단 한 장의 천에서 시작했다. 남성도 치마와 비슷한 옷을 입었지만 600년 전쯤, 말에 오르내리기 편한 바지가 남성에게 크게 유행했다. 그리고 그것이 정착돼서 지금은 당연하듯 남자들은 바지를 입는다. 사람이 어떤 옷을 입는다는 건 그 나름의 이유가 있다.

기대를 한 몸에 받았던 학생들

▶ 일본 남자 교복

교복 입은 학생들을 세계 곳곳에서 볼 수 있다. 그중에서 일본 남학생 교복은 검은색에 단추가 박힌 스타일이다. 20세기 초 군복을 본떠 나왔다고 한다. 그 당시 학교에 다니면서 공부할 수 있는 사람들은 손에 꼽을 정도로 귀했다. 그래서 그들을 특별한 인재로 여겨 군복과 같은 모양으로 교복을 만들었다고 한다.

단순한 게 최고지!

▶ 티셔츠

티셔츠는 쫙 펼치면 알파벳 T처럼 보여서 붙은 이름이다. 모양이 단순하고 몸을 움직이기가 편해서 인기가 많은 티셔츠는 사실 배를 타는 선원들의 속옷이었다. 가볍고 활동하기 편한 데다 때로는 수건이 돼 주고 위험할 때는 백기가 돼서 구호를 요청하는 데 도움을 줬다. 그 후 배우들이 티셔츠를 영화에 입고 나오면서 젊은이들에게 큰 인기를 끌었다.

직장인의 전투복

▶ 양복

회사원의 복장이라면 몸에 긴장감을 주는 양복이 떠오른다. 양복은 회사를 가거나 결혼식처럼 예의를 갖춰야 하는 상황에 입는 옷이다. 하지만 원래 양복은 영국 귀족들이 휴식 시간에 편히 쉬려고 입었던 옷이다. 이런 양복이 전 세계에서 정장으로 인기를 얻었고, 중요한 자리에서 입는 제복이라는 인식이 굳어졌다.

▶ 청바지

청바지는 원래 노동자들의 작업복이었다. 19세기 미국의 금광에서 일하는 사람들의 고민거리는 조금만 움직여도 찢어지는 바지였다. 그래서 바지를 만드는 사람이 두꺼운 면직물로 튼튼한 바지를 만들었는데, 그게 바로 청바지 시초이다. 그 후 청바지는 패션으로 자리를 잡았고, 전 세계에서 많은 사람이 입는 옷이 됐다.

일하기에 편한 옷

생활의 차이

직업

돈 계산을 잘하는 사람, 그림을 잘 그리는 사람, 달리기를 잘하는 사람 등 사람은 저마다 능력이 다르다. 인간은 자신의 능력을 발휘하고, 때로는 남에게 도움을 받으면서 혼자서 할 수 없는 많은 일을 해왔다. 여기서는 사람들이 어떻게 서로를 돕고 살았는지 직업을 통해 살펴보겠다.

▶ 상인

상인은 물건을 서로 교환하는 과정에서 돈을 버는 사람을 말한다. 옛날에 상인들은 실크 로드를 통해 서쪽에서 동쪽으로 건너가 장사를 했다. 현재도 상인들은 회사에서 만든 물건을 팔러 나가기도 하고, 슈퍼에 필요한 물건을 팔기도 한다. 그들은 사회와 회사, 서비스와 사람을 이어 주는 역할을 한다.

▶ 사냥꾼

활이나 총으로 동물을 사냥하는 사냥꾼은 인간의 역사 만큼 오래전부터 있었다. 먼 옛날, 고기는 사람들에게 귀한 음식이었다. 짐승의 가죽과 뼈는 인간 생활에 편리한 도구이기에 인간은 600만 년 이상을 사냥하며 살아왔다. 동물의 목숨을 빼앗은 대신 인간이 살아남은 것이다.

세상을 이어 주는 사람들

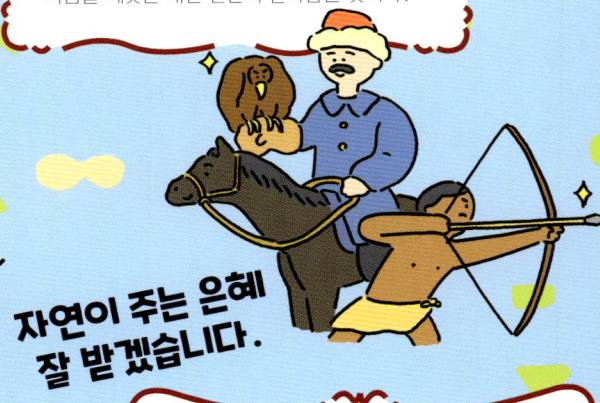

자연이 주는 은혜 잘 받겠습니다.

▶ 의사

사람들의 상처와 병을 낫게 해 주는 의사. 의사가 아픈 곳을 치료만 하는 건 아니다. 의료 기술을 발전시키기 위해 인간에 대해 매일매일 연구하는 의사도 있다. 의학이 존재하지 않았던 선사 시대에는 평균 수명이 15세 전후였다고 한다. 의학의 발전으로 평균 수명이 늘어났고 인간은 보다 풍요로운 인생을 보낼 수 있게 되었다.

▶ 농부

농부 전 세계에서 쉽게 볼 수 있는 직업이었지만 요즘에 점점 줄어들고 있다. 자연환경에 쉽게 좌우되는 사냥과 채집만으로는 안정적으로 식사를 공급받을 수 없었던 시절, 사람들은 농사를 짓기 시작했다. 농업을 통해 계획적으로 음식물을 공급받는 환경을 갖췄다. 우리가 매일 다양한 채소와 고기를 먹을 수 있는 것은 농부들 덕분이다.

생명을 지키는 사람

싸우는 것은 살아가는 것

▶ 전사

전사는 국가와 동료를 지키기 위해 전투를 벌이는 사람을 말한다. 전투의 역사는 오래됐고, 지금도 전쟁과 분쟁은 끊임없이 이어지고 있다. 그런데 전투의 상대는 사람만이 아니다. 인간이 아닌 생물체나 자연재해처럼 다양한 적과 싸운다. 현대적인 의미로 전사는 각종 위협과 싸우는 경찰관, 소방관, 군인 모두라고 할 수 있다.

근심 걱정은 모두 안녕.

나무아미타불 　 아멘

▶ 종교인

인간이 가장 두려워하는 것 중 하나가 불안이다. 내가 죽으면 어떡하지? 미래에는 무슨 일이 벌어질까? 사람은 누구나 이런 고민을 한다. 사람들의 그런 불안을 종교의 가르침에 따라 없애 주고 위안을 주는 것이 종교인의 역할이다. 갓난아기의 이름을 지어 주고, 결혼식이나 장례식처럼 사람들의 인생에 함께하는 것도 종교인이 하는 일이다. 누군가 인생을 정신적으로 지지해 준다.

인생을 풍요롭고 다채롭게!

▶ 예술가

소설을 쓰고 그림을 그리고 악기를 연주하는 예술가. 까마득히 먼 석기 시대에 신에게 제사를 지낼 그림을 그리고 음식을 담는 그릇을 만든 사람들이 예술가의 원조이다. 현재 예술가의 중요한 역할은 인간 생활에 다채로움과 자극을 주고 새로운 문화를 창조하는 일이다. 예술이 없다면 이 세상은 지루할지도 모른다.

▶ 정치가

인간은 국가와 사회를 만들어 집단으로 생활한다. 그런 집단 속에는 다양한 인간이 존재하기 때문에 사회의 존재 방식이나 규칙을 누군가가 정해 주지 않으면 세상이 어지러워진다. 그런 일을 대표로 나서서 하는 사람이 바로 정치가이다. 법을 만들고, 외국과 교역하고, 수많은 정책을 추진해서 보다 살기 좋은 사회로 만드는 것이 바로 정치가가 해야 할 일이다.

사람들의 의견을 모으는 역할

지금보다 더 편리한 세상을 만들겠어.

▶ 기술자

인간은 다양한 도구를 이용해 필요한 물건을 생산하고 삶을 발전시킨다. 그렇게 생활에 필요한 도구와 물건을 만드는 사람들이 바로 기술자이자 장인이다. 집과 그릇, 톱과 망치, 맛있는 빵과 과자, 전통 공예……. 기술자의 종류는 무궁무진하다. 그들은 도구와 기술을 발전시키며 이 세상을 보다 편리하고 풍요롭게 만들어 간다.

생활의 차이

이름의 유래

이름은 원래 자신을 다른 사람과 구별하기 위해 붙인 기호의 역할을 했다. 하지만 언젠가부터 이름은 의미와 소망을 담은 특별한 것으로 변했다. 세계 곳곳을 둘러보면 사람들이 소망을 품는 방법은 다양하다. 당신의 이름은 어디에서 유래했는지 함께 살펴보자.

▶ 이상적인 인생

일반적으로 한국에서는 아기가 어떤 인생을 살았으면 좋겠다는 가족의 소망을 담아 이름을 짓는다. 탁한 세상을 깨끗하게 살아가기를 원해서 '맑을 청(淸)'을 넣고, 이 세상을 희망을 품고 살아가라고 '바랄 희(希)'라는 한자를 넣기도 한다. 말에는 눈에 보이지 않는 힘이 있어서 이름의 의미가 인생을 좌우한다고 믿기 때문이다.

▶ 점

점을 쳐서 이름을 정하는 문화는 전 세계에서 많이 볼 수 있다. 한자 문화권에서 인기가 많은 작명 방법은 아기의 장래를 점쳐서 그 아이에게 적당하고 어울리는 이름을 한자의 뜻과 획수로 결정하는 것이다. 이름은 아기가 평생 사용해야 할 소중한 것이다. 그런 중대한 결단을 내릴 때일수록 어딘가에 의지하고 싶은 것이 인간의 심리이다.

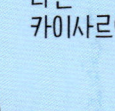

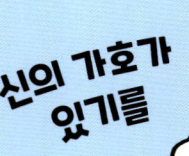

▶ 성직자와 천사

*기독교 국가에서는 성경에 등장하는 성인 혹은 천사의 이름을 붙이는 경우가 많다. 신에게 축복과 가호를 받는다는 의미이다. 영미권에서 흔한 마이클은 대천사 미카엘을 영어로 읽은 것이다. 프랑스에서는 미쉘, 독일에서는 미하엘로 읽는데, 언어에 따라서 읽는 방법이 바뀌기도 한다.

▶ 유명인

위대한 사람이 되고 싶다는 염원을 담아서 아기에게 유명인의 이름을 붙이기도 한다. 이슬람에서 인기가 많은 이름인 무함마드는 이슬람의 예언자 마호메트에서 유래했다. 또 황제를 의미하는 '시저'라는 이름은 고대 로마의 정치가 카이사르에서 따온 것이다. 사람들이 누군가의 이름을 따라서 지었다는 건 그 사람이 이미 위대하다는 증거이다.

소중한 자연을 이름에 담자.

▶ 자연

자연은 인간에게 친근하면서도 특별한 존재이다. 그래서인지 세상에는 자연에서 유래한 이름을 붙인 사람들이 많다. 예를 들어 하와이어로 아이나(aina)라는 이름은 대지, 나루(nalu)는 파도라는 의미이다. 동아시아 같은 한자 문화권에서도 바다처럼 커다란 마음을 갖기를 바라는 마음에 아기의 이름에 '바다 해(海)'를 붙이기도 한다.

이름은 더러운 것으로

▶ 더러운 것

놀랍게도 일부러 더러운 의미의 이름을 붙이는 사람들도 있다. 옛날 한국에서는 어렵게 얻은 귀한 아기에게 '개똥이' 같은 이름을 붙이기도 했고, 일본에서도 '젖은 똥', '똥 덩어리'라는 이름을 붙였다. 이유는 악령이나 마귀가 더러운 걸 싫어한다고 믿었기 때문이다. 일부러 더러운 이름을 붙여서 나쁜 것들이 들러붙지 않기를 바랐다.

가문을 지켜왔다는 증거

▶ 아버지 이름

미국이나 유럽에서는 태어난 아기에게 아버지의 이름을 그대로 물려주기도 한다. 그럴 때는 이름에 '주니어'를 붙인다. 가계를 중요시하는 그들은 이름을 이어받으면 가문을 지킬 수 있다고 믿는다. 한국과 일본에서는 부모와 똑같은 이름을 쓰지 않는다. 형제나 자매는 이름 중 한 글자만 똑같은 돌림자를 쓰는 경우가 자주 있다.

외우기 쉽다는 것이 포인트

▶ 태어나는 순서

이름에 숫자를 붙이기도 한다. 이것은 형제의 출생 순서를 나타낸 이름이다. 전 세계에서 널리 사용된 작명 방법이다. 고대 로마에서도 프림스(1), 세컨두스(2), 티르티우스(3), 이렇게 태어난 순서대로 이름을 지었다. 기억하기 쉬워서 많이 사용하는 작명 방식이다.

네 이름은 무슨 요일이야?

▶ 요일

서아프리카에서 사는 사람들은 생일보다 태어난 날의 요일을 중시한다. 본명을 지은 후 각자 태어난 요일 이름을 붙인다. 이렇게 요일 이름을 붙이는 이유는 태어난 요일이 그 아이의 운명을 결정한다고 믿었기 때문이다. 미얀마 사람들도 요일로 이름을 짓는다. 그래서 이름만 들어도 태어난 요일을 알 수 있다.

그 밖의 생활의 차이

● 화장실

화장실에서 엉덩이를 닦을 때 휴지를 쓰는 게 당연한 건 아니다. 인도에서는 기본적으로 휴지 대신에 물과 왼손을 사용한다. 대변을 다 보면 왼손을 물에 적셔서 엉덩이를 닦고 손에 묻은 똥을 물로 씻으면 끝이다. 심지어 왼손을 부정한 손이라고 여겨서 왼손으로는 악수하지 않는다.

● 목욕

대중 목욕탕이나 온천의 대욕탕에 들어가는 목욕 습관은 따뜻한 물에 몸을 담그는 문화가 없는 사람들 눈에는 상당히 기괴해 보일 것이다. 서양 사람에게 목욕이란 혼자서 샤워기로 몸을 씻어 내는 것을 말한다. 한집에 사는 가족이라고 해도 같이 욕조에 몸을 담그는 경우는 거의 없다.

● 손 씻기

집에 오자마자 바로 손을 씻는 것은 감기나 각종 감염 예방을 위해 중요한 일이다. 손은 물로 씻어야 한다는 것이 일반적이지만 사막의 나라 알제리에서 물은 상당히 귀하다. 그래서 그들은 모래로 손을 씻는다. 얼핏 보면 불결하다는 생각이 들겠지만 사막의 모래는 세균이 거의 없을 정도로 깨끗하다.

● 식습관

식사 습관 역시 문화마다 차이가 있다. 동양에서는 대부분 젓가락으로 음식을 집지만 서양에서는 포크로 찍어서 먹는다. 그리고 이슬람교 국가나 아프리카에서는 음식물을 손가락으로 집어먹는다. 이런 차이는 바로 식재료 때문이다. 자신들의 주 식재료를 집기에 가장 적합한 방식으로 발전한 것이다.

● 앉는 법

방바닥 위에서 몸을 바로 하고 앉거나 양반다리를 하거나 무릎을 세우기도 한다. 물론 의자에 앉는 사람도 있다. 예의 바르게 앉는 방법은 국가와 지역에 따라 다르다. 예전 한국에서는 남자는 양반다리를 하고 여자는 한쪽 무릎을 세우고 앉았다. 자리에 앉을 때 내는 의성어 역시 나라마다 의미가 다르니 주의해야 한다.

● 술래잡기

세계 많은 나라에서 인기 있는 놀이인 술래잡기는 미국에서는 '태그'라고 부르고, 중국에서는 '매와 닭'이라고 부른다. 이름은 저마다 다르지만 술래가 된 사람이 사냥물을 쫓아간다는 기본적인 규칙은 똑같다. 용어는 달라도 모두 함께 즐길 수 있는 놀이인 셈이다.

● 청소

학교에 가지 않는 일요일에 방을 둘러봤는데 지저분하다면 청소가 하고 싶을지 모른다. 하지만 독일에서는 이런 행동을 주의해야 한다. 독일에서 일요일은 조용하게 쉬는 날이라는 인식이 강하다. 일요일엔 편안하게 쉬어야 한다는 기독교의 안식일 개념 때문이다. 일요일에 청소를 한다고 큰 소리를 냈다가는 이웃에게 시끄럽다는 원망을 들을 수도 있다.

● 점심시간

점심시간이라고 하면 한 시간 정도 밥 먹고 쉬는 것을 생각할 것이다. 하지만 스페인에서는 '시에스타'라고 해서 오후 1시부터 3시간 정도 쉬는 문화가 있다. 스페인의 여름 한낮이 너무 더워서 햇살이 잦아들 때까지 기다리는 것이다. 스페인뿐만 아니라 다른 더운 나라에서 종종 볼 수 있는 문화이다.

● 빨래

세탁물을 말리는 방법은 햇빛이나 바람에 널어 놓는 것만 있는 게 아니다. 기온이 영하 50도까지 내려가는 러시아 같은 한랭지에서는 빨래를 우선 밖에 내놓고 꽁꽁 얼린다. 그때 옷에 붙은 수분이 얼면 얼음을 툭툭 털어서 건조를 마친다. 옛날부터 전해 내려오는 생활의 지혜이다.

의사소통의 차이

사람들은 별 뜻 없이 매일매일 사용하는 말과 글 외에도 표정이나 몸동작, 노래처럼 다양한 방식을 이용해서 서로 의사소통을 한다. 책을 보다 보면 자신이 사는 곳의 문화나 환경에 빗대어 보면 조금은 이해하기 어려운 방법도 있을 것이다. 하지만 어쨌든 친구들과 함께 살아가기 위해서 생겨난 행동이라는 것은 분명하다. 여기서는 전 세계에서 볼 수 있는 인간의 의사소통 방식을 소개하려고 한다.

의사소통의 차이

인사

사람과 사람이 만났을 때 가장 먼저 해야 하는 것은 인사이다. 전 세계 사람들은 다양한 말과 행동을 주고받으며 상대의 안부를 묻는다. 한국에서는 "안녕하세요." 하며 고개를 숙이고 인사한다. 인사는 상대를 존경하고 축복하는 마음이 가득 담겨 있는 인간다운 의사소통이다.

난 어떤 무기도 없어요.

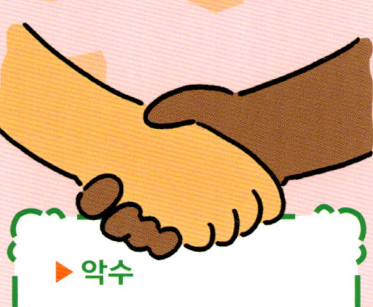

▶ 악수

악수는 전 세계에서 가장 일반적인 인사 방식 중 하나이다. 상대에게 손을 내밀어 자신이 무기를 숨기지 않았다는 걸 보여 주는 행동에서 탄생한 인사법이다. 그 내용은 나라마다 조금씩 다르다. 스페인에서는 짧게 꽉 쥐고, 프랑스에서는 가볍고 빠르게 쥔다. 그리고 브라질에서는 오랫동안 힘을 줘서 악수하는 것이 예의이다.

오늘도 참 날씨가 좋군요.

▶ 안녕하세요

우리가 사용하는 "안녕하세요?"라는 인사말에는 "오늘 기분은 어떠세요?", "몸은 건강하세요?"라는 의미가 담겨 있다. 짧은 인사말 속에 깊은 뜻이 숨어 있는 것이다. 매일매일 사용하기 편하도록 짧은 인사말 안에 안부의 의미를 담았다.

▶ 고개 숙여 인사하기

고개를 숙여서 인사하는 건 한국과 중국, 일본 등 동아시아에서 자주 사용하는 인사법이다. 고개를 숙이는 것에는 인사뿐만 아니라 다양한 의미가 담겨 있다. 아주 먼 옛날, 사람들이 칼을 지니고 다니던 시절에 자신의 목을 내밀어 인사하는 것은 상대방에게 적의가 없다는 마음을 표현하는 방법이었다. 그 후 상대방을 존경하는 의미로 자리 잡았다.

목숨을 건 인사

꾸벅

신에게 드리는 인사

▶ 두 번 고개 숙이고 두 번 손뼉 친 후 다시 고개 숙이기

일본에서는 일본의 신에게 인사할 때 두 번 꾸벅 고개를 숙이고, 두 번 손뼉을 친 다음. 다시 한 번 고개를 숙인다. 고개를 숙이는 건 신에 대한 감사의 의미가 담겨 있고 손뼉을 치는 건 악귀를 내쫓는 의미와 더불어 신에게 자신이 참배하러 왔음을 알리는 의미가 있다.

▶ 합장

인도에서 오른손은 부처를 나타내는 신성한 손, 왼손은 인간을 나타내는 부정한 손이라고 한다. 오른손과 왼손을 가슴 앞에서 합치는 합장은 원래 부처에게 경배를 드릴 때 하는 동작이다. 합장에는 부처 그리고 인간이 하나가 된다는 의미가 담겨 있다. 합장하면서 "나마스테(당신을 존경합니다)."라고 말하는 것이 상대방에게 하는 최고의 인사이다.

부처와 인간의 합체술

▶ 밥 먹었니?

한국에서는 친구를 만나면 인사 대신에 "밥 먹었니?"라는 안부를 묻기도 한다. 캄보디아나 미얀마 같은 동남아시아에서도 식사 안부를 겸한 인사를 한다. 이는 먹을거리가 충분하지 않았던 시절의 흔적이라고 한다. 식사를 했는지 확인하면서 상대방을 염려하는 배려 깊은 인사법이다.

'밥 먹었니?'는 건강의 기원

▶ 냄새를 맡는다

몽고의 전통적인 인사법은 나이 많은 사람이 자신보다 어린 사람을 끌어안으며 냄새를 맡는 것이다. 광활한 초원에서 이곳저곳으로 장소를 옮겨 가며 사는 몽고 유목민은 지인이나 친구와 다시 만나기가 상당히 어렵다. 만약 뜻하지 않게 친구와 재회하면 있는 힘을 다해 서로를 끌어안고 냄새를 맡으며 만남의 기쁨과 그리움을 나눈다.

서로 그리움 나누다. 킁킁킁

악귀를 떨치는 주문 퉤

▶ 침 뱉기

일반적으로 누군가에게 침을 뱉는 건 상대방을 경멸하는 의미이다. 하지만 동아프리카에 사는 키쿠유족은 상대방의 손바닥에 침을 뱉으며 인사한다. 그들에게 침은 악마를 퇴치해 주는 신성한 것이다. 그래서 상대방에게 좋은 일이 생기길 바라는 마음으로 침을 뱉는다. 똑같은 행위에도 다양한 의미가 있다.

웃으면 복이 와요. 와하하

▶ 웃기

캐나다 북부에 사는 이누이트족은 "하하하!" 하고 함박웃음을 터뜨리며 인사한다. 그 사람들이 모두 성격이 밝아서 그렇다고 생각하겠지만 사실 웃으면서 인사하는 것은 그들 나름의 배려에서 나온 것이다. 처음 상대방을 만나면 긴장되지만 웃음을 통해 긴장감을 떨쳐 낼 수 있다. 누군가와 처음 만나서 긴장된다면 그때는 활짝 웃음을 지으며 말을 걸어 보자.

▶ 점프

손님이 오면 펄쩍펄쩍 뛰는 사람들도 있다. 마사이족은 하늘을 향해 수직으로 뛰어올라 손님을 환영한다. 점프는 사바나에 살고 있는 기린과 타조의 아름다운 모습을 흉내 낸 것이라고 한다. 마사이족의 남성은 더 높이 뛰어오를수록 다른 남성에게 존경을 받고 여성에게는 강력하게 어필할 수 있다.

펄쩍 펄쩍
누구보다 높게! 아름답게!

▶ 홍이

뉴질랜드의 *선주민족인 마오리족은 손님이 오면 서로 코와 코를 비빈다. 얼굴을 가까이 대고 숨을 내뱉으면 손님은 그 숨을 들이마신다. 그리고 반대로 한 번 더 한다. 이것은 공기를 공유해 서로의 숨결을 나눔으로써 조상에게 인사를 드리고, 땅과 사람에게서 환영을 받는다는 의미이다. 상대방과 하나가 된다는 마음이 담긴 인사이다.

조상님을 호흡에 실어서

▶ 우유 뿌리기

누가 내 얼굴에 우유를 끼얹으면 어떤 생각이 들까? 놀랍게도 아프리카 에티오피아의 어떤 민족에게는 그것도 어엿한 인사이다. 상대방의 얼굴에 우유를 뿜어서 자신의 행복을 나눠 준다는 것이다. 만약 누군가 당신에게 우유를 뿌리려고 한다면 피하지 말고 웃는 얼굴로 받아들이자. 아마도 행복한 하루를 보낼 수 있을 것이다.

행복한 하얀 샤워

▶ 로사코

'좌우명'이라는 단어의 의미를 아는가? 좌우명은 자신의 인생에서 가장 중요하게 생각하는 말을 뜻한다. 아프리카 콩고의 몽고족은 자신보다 나이가 많은 사람을 만나면 "로사코!" 하고 인사한다. 그 말을 들은 사람은 자신의 좌우명을 알려 준다. 로사코라는 말을 듣는 건 상대에게 존경받고 있다는 증거이다.

▶ 명함 교환

이걸로 첫인상이 결정된다.

명함 교환은 전 세계의 모든 사업 현장에서 사용하는 인사법이다. 다른 회사 사람이나 고객과 처음으로 만날 때는 명함을 건네며 자신을 소개한다. 특히 한국에서는 명함 교환으로 첫인상이 결정되고 이후의 사업 방향이 결정되기도 하니 명함 교환을 할 때 상당히 예의 바르게 하는 편이다. 간단한 명함 교환에도 상당히 세심한 주의를 기울여야 한다.

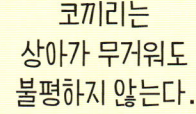
코끼리는 상아가 무거워도 불평하지 않는다.

할아버지 좌우명이 뭐예요?

48

▶ 마노보

필리핀 사람들은 인사할 때 "마노보!"라고 말하면서 상대방의 오른손을 자신의 오른손으로 잡고 그의 손등을 자신의 이마에 갖다 댄다. 이것은 손을 부탁한다는 의미인데, 나이가 많은 상대에게 존경의 마음을 드러내고, 그에게 축복을 받고 싶다는 뜻이다. 노인을 귀하게 여기는 필리핀인의 예의가 그대로 드러나는 인사법이다.

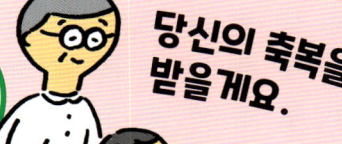

당신의 축복을 받을게요.

난 악마가 아니야!

▶ 혀 내밀기

누가 우리에게 혀를 내밀고 '메롱'이라고 하면 기분이 불쾌해진다. 하지만 티베트에서는 우리와 정반대이다. 혓바닥을 내미는 것은 상대방을 존경한다는 티베트식 인사법이다. 이것은 자신이 새까만 혓바닥을 가진 악마의 자식이 아니라는 증거를 보여 주는 것이다. 티베트에서 혀를 내미는 건 결코 놀리는 것이 아니다.

명령에 따르겠습니다!

▶ 거수경례

한 손을 이마 옆에 올리는 거수경례는 각 나라의 군대나 경찰에서 주로 사용한다. 거수경례는 중세 유럽에서 갑옷을 두른 기사가 자신보다 윗사람을 만났을 때 철갑 가면을 들어 올린 행동에서 시작됐다고 한다. 존경의 마음, 혹은 적의가 없다는 것을 드러내는 의미로 사용하는 인사법이다.

벗어 버린 권위

▶ 설루트

중세 유럽의 기사는 자신의 몸과 명예를 지키기 위해 검으로 싸웠다. 펜싱은 거기에서 탄생했다. 펜싱이 시작되기 전에 상대와 심판, 관객을 향해 검을 이용해 키스를 던지는데 이것은 '설루트'라는 인사법이다. 펜싱 경기를 보는 사람과 맞서 싸울 상대방의 용기에 경의와 감사의 마음을 보내는 인사이다.

검으로 키스를 날리다.

▶ 모자 벗기

한국에서는 인사할 때 모자를 집어 올리는 것이 예의이다. 이것은 왕관을 비롯해 머리에 쓰는 물건을 *권위의 상징으로 생각했기 때문에 모자를 벗는 것은 권위를 벗는다는 의미가 됐다. 그런데 몽고에서는 반대로 모자를 써야 예의이다. 모자를 제때 쓰고 벗어야 하겠다.

의사소통의 차이

고마워

우리는 살아가다 보면 누군가로부터 도움을 받거나, 선물을 받는 등 고마운 일들이 많이 생긴다. 이런 때 상대방에게 고마움을 전달하는 방법은 여러 가지이다. 여기서는 감사의 마음을 전하는 세계의 다양한 방식을 비교해 보자.

▶ 잘 먹겠습니다

우리가 밥을 먹거나 학교에서 급식을 먹을 때면 식사 전에 "잘 먹겠습니다!"라는 인사를 한다. 이 인사말에는 두 가지의 의미가 담겨 있다. 하나는 식재료를 만든 사람과 요리를 해 준 사람에게 고맙다는 의미이다. 또 다른 하나는 식재료의 생명을 감사히 받겠다는, 식재료에 하는 인사이다. 감사의 마음이 꾹꾹 담겨 있는 식사 인사라고 할 수 있다.

생명의 고마움

▶ 포장지를 찢는다

예쁘게 포장된 선물을 받았을 때, 미국에서는 그 자리에서 포장지를 북북 찢어서 기쁨과 감사를 표시하는 것이 예의이다. 만약 포장지를 조심스럽게 펼치면 내용물에 대해 별 기대가 없는 오해를 받는다. 그런데 필리핀에서는 선물을 받은 자리에서 열어 보면 욕심쟁이라고 손가락질을 받는다. 당신은 어떤 방식이 마음에 드는가?

너무 기뻐서 참을 수가 없단 말이야.

생일 선물

▶ 아무 말도 하지 않는다

잘 이해가 가지 않겠지만, 세상에는 굳이 고맙다는 말을 하지 않는 사람도 있다. 인도에서는 친한 사이일수록 고맙다는 말을 하지 않는다. 그들은 고맙다는 말을 들으면 '왜 나한테 이렇게 쌀쌀맞게 대하지?' 하는 느낌을 받는다고 한다. 서로에게 도움을 주고받는 사이이니 굳이 표현하지 않아도 상대의 마음을 알고 도와준다.

무슨 말이 더 필요해.

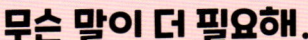

이거 떨어뜨렸는데.

▶ 생일 파티

1년 동안의 감사를 담아 준비했어.

독일에서 생일 파티는 상당히 중요한 행사이다. 파티를 기획하는 사람은 주로 생일을 맞이한 사람 본인이다. 생일은 친한 친구들을 초대해서 무사하게 1년을 보냈다는 감사 인사를 전하는 날이다. 어떤 사람은 1년에 한 번인 그날에 성대한 파티를 연다. 참고로 생일 이전에 축하 인사말을 건네면 일찍 죽는다는 미신이 있다.

▶ 손날로 내려치기

일본의 전통 스포츠 스모에서는 선수가 흰 종이에 든 상금을 앞에 두고 손날로 왼쪽, 오른쪽, 가운데로 내려친다. 그건 스모 경기의 예법 중 하나이다. 스모는 원래 농작물의 풍작을 기원하기 위해 농사의 신에게 바친 행사였다. 손날로 내려치는 행위는 신에 대한 감사의 마음을 표현한 것이다.

농사의 신에게 감사하며

운전 중이라도 예의를 잊지 말자.

▶ 감사의 비상등

자동차를 운전하다가 뒤차에게 위험을 알릴 때는 비상등을 깜빡인다. 길을 양보해 준 차에게 고맙다는 표시로 비상등을 두세 번 깜빡이기도 한다. 원래 비상등을 깜빡이는 것은 독일의 트럭 운전수들이 시작했다고 하는데 정식 교통 법규는 아니다. 고마운 마음을 표시하는 방법은 비상등을 깜빡이거나, 때론 가볍게 손짓을 하기도 한다.

▶ 오브리가도

고마움을 표현하는 단어의 어원은 언어에 따라 다양하다. 포르투갈어인 "오브리가도(고마워)!"의 본래 뜻은 '의무'이다. 다시 말해 자신이 책임을 진다는 의미의 단어이다. 자세히 말하면, 오브리가도에는 당신에게 빚을 졌지만 언젠가는 그 빚을 갚겠다는 뜻이 담겨 있다. 좋은 일은 돌고 돌아서 다시 돌아오는 법이다.

이 빚은 언젠가 꼭 갚을 거야. / 잊지 않을게.

하아 / 좋은 시합이었어. / 이기거나 / 졌어도!

▶ 좋아요 버튼

부끄럼쟁이라는 말을 듣는 핀란드 사람들은 감사의 마음을 말로 표현하는 걸 상당히 쑥스러워한다. 하지만 감사의 마음을 꼭 전하고 싶은 고민 끝에 나온 것이 '좋아요' 버튼이다. 그들은 수도 헬싱키를 달리는 버스에 버튼을 설치하고 기분 좋게 버스를 이용했을 때 조심스럽게 버튼을 눌러서 운전수에게 마음을 전달한다.

▶ 유니폼 교환

축구 경기가 끝나면 자신의 유니폼을 상대 팀 선수와 교환하는 모습을 종종 볼 수 있다. 이것은 서로의 건투를 칭찬하는 표시이다. 1931년 프랑스와 영국의 축구 시합에서 영국을 처음으로 이긴 프랑스 선수가 상대방과 유니폼을 교환한 것이 시작이었다. 시합의 승패와 상관없이 상대방을 칭찬하는 모습은 정말 멋지다.

마음을 몰래 전달하고 싶어. / 딩동

의사소통의 차이

미안해

나쁜 짓을 저지르면 솔직하게 미안하다고 사과하는 것이 중요하다. 그런데 사과의 형태는 지역마다 다르다. 어떤 경우에는 그 사람이 정말로 반성하는지 알기 어려운 행동도 있다. 하지만 그가 사는 문화 안에서 하는 행위라면 분명히 사과의 마음이 전해질 것이다.

▶ 합장하기

사과할 때 "미안!" 이라고 말하면서 두 손바닥을 마주하는 합장 동작은 원래 신이나 부처에 드리는 사죄의 인사이다. 화가 난 사람에게 하는 합장은 '나는 당신을 존경합니다. 그러니 부디 용서해 주세요.'라는 의미이다. 그래서 남에게 뭔가 부탁할 때도 합장을 한다. 누군가가 내게 "정말 미안해."라면서 합장한다면 아마도 대부분 용서할 것이다.

▶ 죄송합니다

나쁜 짓을 하면 대부분 "죄송합니다."라고 말하며 사과한다. 일본에서는 죄송하다는 말이 '미안한 마음을 도저히 억누를 수가 없다.'라는 뜻인데, 때로 감사의 말을 대신해서 사용하기도 한다. 예를 들어 길을 가는데 누군가가 길을 비켜 주면 "죄송합니다."라고 말한다. 자신의 마음을 전하는 말을 진심을 다해 전해 보도록 하자.

▶ 무릎 꿇고 고개 숙이기

무릎을 꿇는 건 원래 자신보다 신분이 높은 사람에게 하는 인사법이다. 신분이 낮은 사람이 상대방에게 *복종의 마음을 표시하기 위해 무릎을 꿇고 이마를 땅바닥에 대는 인사였다. 그런데 지금은 깊은 반성의 의미를 담은 동작이 됐다. 자신의 위치가 상대방보다 낮다는 것을 인정하고 잘못했다는 마음을 표현하는 것이다.

▶ 눈을 바라보기

유럽과 미국에서는 사과할 때 반드시 상대의 눈을 보면서 말한다. 시선을 피하면 상대방은 반성하지 않는다는 생각을 할 것이다. 고개를 숙이기도 하지만 그때도 상대방의 시선을 피하지 않는 것이 중요하다. 만약 눈을 피한다면 반성하지 않는다고 오해를 받을 수도 있다.

장소가 바뀌면 의미도 조금 바뀐다.

▶ 무릎 꿇기

한국에서는 어떤 일에 실패해서 사과할 때면 무릎을 꿇고 반성하는 모습을 보여 준다. 먼 옛날에 죄인이 벌을 받을 때 무릎을 꿇었기 때문에 지금도 그런 의미가 남아 있는 것이다. 일본에서는 각별히 예의를 갖출 때 무릎을 꿇는다. 똑같은 동작이라도 약간 의미가 달라질 수도 있다.

▶ 사과하지 않는다

잘못을 했어도 사과할 필요가 없다고 생각하는 사람들도 있다. 터키에서는 나쁜 짓을 해도 사과하지 않는 것이 기본이다. 그 이유는 세상에 일어나는 모든 일에는 신의 뜻이 담겨 있다고 여기는 이슬람교를 믿기 때문이다. 그들에게 나쁜 일이 생기면 일어나야 할 일이 생겼을 뿐이라며 담담히 받아들인다. 사과를 하는 건 그들에게는 자연스러운 일이 아니다.

이렇게 된 것도 신의 뜻이야.

▶ 머리를 빡빡 밀기

남에게 미안한 마음을 전달하고 싶을 때 일본인은 스스로 머리를 빡빡 밀기도 한다. 원래 머리를 미는 행위에는 *출가해서 승려가 된 사람이 스스로에게 내리는 계율의 의미가 있다. 지금은 괴로움 버리고 새로 태어난다는 반성의 뜻으로 의미가 조금 달라졌다. 중국과 유럽에서는 죄를 지은 사람의 머리를 빡빡 밀어서 벌을 주는 풍습도 있다.

스스로 머리를 잘라 자신을 벌한다.

목숨을 걸고 맹세합니다.

혼나기 전에 내가 먼저

▶ 귓불 잡아당기기

양쪽 귓불을 엄지와 검지로 잡아서 아래로 쭉 잡아당긴다. 인도에서는 장난처럼 보이는 이 동작을 놀랍게도 진심으로 반성한다는 표시로 받아들인다. 인도의 엄마들은 아이를 혼낼 때 귓불을 잡아당긴다. 자기의 귓불을 스스로 잡아당기는 것은 반성과 사죄의 마음을 표현하는 것이다.

▶ 할복

옛날 일본에서는 무사가 책임을 져야 할 때면 스스로 배를 가르는 '할복'을 했다. 일본 무사에게 할복은 죗값을 치르는 의미일 뿐만 아니라 명예를 지키는 행위이기도 했다. 물론 지금은 할복하는 사람이 없지만 당시 무사에게 명예는 죽음보다 더 무거운 것이었다.

53

의사소통의 차이

좋아해

좋아하는 마음을 전달하고 싶을 때 어떻게 하는 것이 좋을까? 아마 말로는 좀처럼 표현하기 힘들 때도 있을 것이다. 그럴 땐 행동으로 보여 주거나 편지로 전달하는 것도 좋은 방법이 될 수 있다. 좋아하는 마음을 전달하는 방법이야 사는 지역이나 문화마다 다르겠지만 그 진실한 마음은 세계 공통이다.

너의 마음에 부딪혀 보겠어.

널 좋아해! 나랑 사귀어 줄래?

▶ **고백**

좋아하는 사람에게 "나랑 사귀어 줄래?" 하고 고백해야 비로소 연인 사이가 되는 건 한국이나 일본의 이야기이다. 서양에서는 고백을 따로 하지 않아도 어쩌다 보니 연인이 돼 버린 경우가 많다. 고백을 하는 건 상대방의 마음을 확인하는 것이다. 고백해서 무참하게 차일 수도 있지만 그래도 포기할지 매달릴지는 바로 자신에게 달려 있다.

마음을 시에 담아 보내리다.

▶ **러브레터**

좋아하는 사람에게 사랑하는 마음을 전달하고 싶지만 얼굴을 마주 보고 말할 용기도 없고 부끄럽기도 하다. 그럴 때 추천하는 방법은 바로 자신의 마음을 글로 적어서 건네는 러브레터이다. 편지로 사랑을 고백하는 건 옛날부터 있었던 방식이다. 하지만 요즘 현대인들은 휴대 전화 문자로 사랑을 전달한다. 러브레터의 새로운 형태이다.

옛날이나 지금이나 똑같다.

▶ **키스**

사랑하는 사람에게 하는 키스는 전 세계에서 사용하는 애정 표현이다. 키스는 새의 어미가 새끼를 돌볼 때 먹이를 입으로 옮겼던 것에서 시작했다고 한다. 그런 키스가 어느새 연인끼리 사랑을 전달하는 수단이 됐다. 어쨌든 사랑을 나눠 준다는 의미에서 옛날과 지금은 별로 달라진 게 없다.

당신에게 꽃말과 꽃다발을 보낼게.

장미의 꽃말은 사랑이야.

▶ **꽃 선물**

좋아하는 사람에게 꽃을 선물하면 행복해진다. 원래 꽃을 선물하는 건 유럽의 문화였는데 지금은 세계 어느 곳에서나 볼 수 있는 사랑의 전달 방식이다. 다양한 꽃 중에서 어떤 꽃을 보낼지 고민될 때는 꽃말로 선택하기도 한다. 꽃말은 옛날 터키에서 꽃이 주는 느낌을 꽃과 함께 적어 보내던 관습에서 유래했다.

내 대답은 이 거야.

달콤쌉싸름한 사랑의 맛

▶ 커피

터키에서 프러포즈를 받은 여성은 대답 대신에 커피를 탄다. 만약 긍정적인 대답이라면 달콤하고 맛있는 커피를, 거절의 대답이라면 소금이 든 맛없는 커피를 내놓는다. 최근에는 일부러 커피를 시큼하게 끓여서 단숨에 마시는지 못 마시는지로 상대방의 사랑을 확인한다. 커피는 터키인의 생활에 없어서는 안 되는 존재인가 보다.

아깝지 않은 사랑을 줄게.

▶ 소 선물

좋아하는 사람에게 보내는 선물은 나라마다, 사람마다 각양각색이다. 아프리카에 사는 마사이족에게 최고의 선물은 소이다. 좋아하는 사람과 결혼하고 싶을 땐 상대에게 소를 선물한다. 식량이 부족한 사바나에서 살아가는 그들에게는 우유와 고기를 공급해 주는 소야말로 귀중한 재산이다.

음악에 마음을 싣고

▶ 하라나

필리핀에서는 좋아하는 마음을 마치 영화처럼 멋지게 전달한다. 프러포즈를 하려는 남성은 매일 밤 사랑하는 사람의 집 창문 아래에서 기타를 치며 사랑의 노래를 부른다. 이런 세레나데를 '하라나'라고 한다. 가족을 중요시하는 필리핀 사람들은 사랑하는 사람과 그 가족들에게도 마음을 전하는 열정적인 전통이 있다.

테 키에로!

정열적인 방법으로 전달하기

▶ 당신을 원해요

이 세상에 상대방에게 고백하는 말은 언어의 숫자만큼 존재한다. 스페인에서는 "테 키에로!" 라고 말한다. 이 말은 당신을 원한다는 뜻이다. 정열의 나라 스페인은 사랑을 전하는 방식도 직접적이고 강렬하다. '테 키에로'는 연인 사이에서만 쓰는 건 아니고 가족이나 친구들에게도 사용한다.

▶ 손가락 사인

새끼손가락과 검지, 엄지를 세운 포즈를 알고 있는가? 이것은 '당신을 사랑한다(I LOVE YOU)'는 의미의 *손가락 사인이다. 손가락으로 단어의 머리글자를 표현하는 방법인데, 새끼손가락은 I, 엄지와 검지는 LOVE의 L, 엄지와 새끼손가락으로 YOU의 Y를 의미한다. 좋아하는 사람에게 손가락 사인으로 사랑을 전해 보자.

눈에 보이는 사랑

의사소통의 차이

화가 나

화가 날 때 자기의 감정을 상대방에게 전달하는 것 역시 중요한 의사소통이다. 세상에는 분노를 표현하는 독특한 방식이 있으니 배워 보도록 하자. 만약 상대방이 잔뜩 화가 나 있는데 그걸 알아채지 못한다면 오히려 그게 더욱 큰일이다!

▶ 욕하기

서로 욕을 내뱉어서 분노의 감정을 털어 내는 방법도 있다. 상대방에게 화가 날 때 욕하는 사람이 있다. 실제로 욕은 분노로 터질 것 같은 감정의 찌꺼기를 배출하는 데 효과가 있다. 주로 다혈질인 민족은 서로에게 강하게 분노를 내뱉고 나쁜 감정을 다 털어 낸 후 마음을 가라앉히는 방법을 선호한다.

한 번 소리 지르면 개운해지기도 해!

그림자만 봐도 무서워.

▶ 허리에 손 얹기

허리에 손을 얹는 행동은 화가 났다는 것을 표현하는 동작이다. 특히 인도네시아에서는 허리에 손을 얹으면 상당히 화가 나 있다는 의미이다. 어떤 주장에 따르면 이 행동은 인도네시아에서 인기 있는 그림자 연극에서 분노를 허리에 손을 얹는 동작으로 표현했기 때문이라고 한다. 화가 나지 않았는데 무심코 허리에 손을 얹는다면 주변의 오해를 받을 수 있으니 주의하자.

도깨비처럼 변할 거야.

▶ 양손으로 뿔 만들기

화난 마음을 표현할 때 양손으로 도깨비 뿔을 만든다. 주로 다른 사람이 화가 났다는 것을 누군가에게 알려 줄 때 하는 동작이다. 도깨비는 늘 험상궂은 얼굴을 하고 심술궂은 짓을 한다. 그런 도깨비의 얼굴에서 본떠 '뿔이 났다는 것=화가 났다'는 의미로 사용하게 됐다.

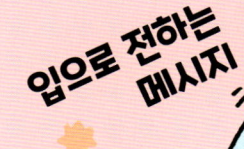

입으로 전하는 메시지

▶ 혀 차기

무언가 마음에 들지 않을 때 "칫!" 하고 혀를 찬 적이 있지 않은가? 혀를 차는 것 역시 분노의 표현 방법 중 하나이다. 주변 사람이 다 듣도록 혀를 차는 것은 자신이 화났다는 걸 남들이 알아주길 바라기 때문이다. 하지만 어떤 나라에서는 단순히 맞장구를 치거나, 발음의 하나일 수 있다. 상황에 따라서 잘 구별해서 사용하도록 하자.

▶ 눈동자 굴리기

"아, 참내 정말!" 눈을 치켜 뜨고 눈동자를 데굴데굴 굴리는 것은 화가 났거나 어이가 없을 때 자주 볼 수 있는 모습이다. 이것은 보고 싶지 않은 것에서 시선을 돌리고 싶다는 인간의 마음이 무의식적으로 나타난 것이다. 눈동자를 돌리는 동작으로 상대방에게 분노를 전달한다.

▶ 노래 대결하기

이누이트족은 마음의 분노를 표출하는 것을 상당히 꼴사납게 생각한다. 그렇지만 도저히 분노를 누그러뜨릴 수 없을 땐 어떻게 해야 할까? 그럴 때 그들은 노래 대결로 해결한다. 노래로 자신의 불쾌함을 표현하고 마음이 풀릴 때까지 번갈아 가며 노래한다. 노래를 듣고 화내는 사람이 있다면 그 사람이 진 것이다. 마치 인내력을 시험하는 것 같다.

▶ 치고받기

화가 나도 절대로 주먹질을 하면 안 된다! 현대인이라면 폭력을 쓰지 않는 것이 기본적인 예의인데 남미의 어떤 지역에서는 서로 치고받으며 분노를 분출하는 풍습이 있다. 이들은 1년에 한 번뿐인 축제에서 서로 주먹으로 치고받아서 인간관계를 깨끗하게 정리한다. 남성이건, 여성이건, 아이이건 할 것 없이 자신이 싫어하는 상대방에게 주먹질을 하고 마지막에 개운하게 화해한다.

▶ 이 닦기

이 닦기는 칫솔질을 말하는 것이 아니다. 엄지 손톱을 앞니의 안쪽에 대고 가볍게 소리 내며 힘차게 이를 닦는 것인데, 이게 분노의 표현이 되기도 한다. 원래는 셰익스피어의 소설《로미오와 줄리엣》에 등장해서 유명해졌다. 한때 유럽에서 유행하기도 했지만 현재는 그리스와 그 주변 국가들 사이에서만 사용한다.

▶ 칼 선물하기

중국 전국 시대, 진나라의 군주 소양왕은 부하인 기백이 건방진 태도를 보이고 군주의 명령을 배신하며 나라를 위기에 빠뜨리자 크게 분노했다. 그래서 왕은 기백에게 칼을 선물했다. 화가 났는데 선물을 하다니? 여기에는 죽음으로써 자신의 책임을 다하라는 의미가 담겨 있다. 선물에 꼭 감사나 배려의 마음이 담긴 것은 아니다.

그 밖의 의사소통의 차이

● **힘내**

상대방을 응원하고 싶을 때 보통은 "힘내!"라고 외치지만 이탈리아어 표현은 약간 독특하다. 이탈리아인들은 누군가를 응원할 때 "인 보카 알 루포(늑대의 입 속으로)!"라고 말한다. 이 말은 원래 사냥에 나가는 사람들이 외치는 문구인데 목숨을 걸고 맞서라는 강력한 의미가 담겨 있다.

목숨을 걸고 맞서라!

아파! 그래도 기뻐! 꺅

● **생일 축하해**

생일을 맞이한 사람에게 선물이나 케이크로 축하의 마음을 전달하는 것은 전 세계의 생일 축하 방식이다. 그런데 헝가리의 축하 방법은 조금은 독특하다. 헝가리 사람들은 생일을 맞은 사람의 귀를 쭉 잡아당긴다. 여기에는 귓불이 어깨에 닿을 만큼 장수하라는 의미가 있다. 기쁨과 통증이 섞여서 눈물이 찔끔 날 것 같다.

이별에 염원을 담아서

● **잘 가**

"잘 가!"라고 말하며 손을 흔드는 이별의 동작. 손을 흔드는 이별의 의미와 유래는 지역마다 조금씩 다르다. 유럽에서는 상대방에게 칭찬을 보낸다는 의미에서 손수건을 흔드는 동작이 있었는데, 손을 흔드는 것이 거기에서 유래했다고 한다.

즐겁게 밥 먹자!

● **잘 먹겠습니다**

프랑스에서는 다 같이 식사할 때 함께 먹는 사람을 향해서 '본 아페티(식사를 즐기자)!'라고 말한다. 식사는 허기진 배를 채우는 행위뿐만 아니라 함께 먹는 시간을 즐긴다는 의미가 있다고 생각하기 때문이다.

본 아페티!

● 점원을 부르는 방법

해외에 나가 레스토랑에서 주문할 때 "여기요!"라고 큰 소리로 점원을 부르면 아마도 사람들이 깜짝 놀랄 것이다. 서양에서는 점원을 부를 때 눈을 마주친다. 점원은 늘 가게 안을 열심히 둘러보고 있으니 굳이 소리 내서 부를 필요가 없다. 한국에서는 점원을 부르는 호출 버튼이 설치된 곳이 많다. 이건 다른 나라 사람들도 부러워한다.

● 처음 뵙겠습니다

이탈리아 사람들은 누군가를 처음 만나면 "피아체레."라고 인사한다. 피아체레는 기쁨과 즐거움이라는 뜻의 단어인데 우리가 간단히 "처음 뵙겠습니다."라고 인사할 때보다 좀 더 긴 의미가 있다. 피아체레에는 "처음 뵙겠습니다. 당신을 만나서 정말 기뻐요."라는 의미가 담겨 있다.

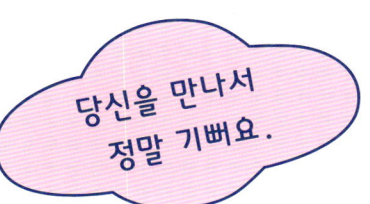

다양한 의사소통

입으로 소리 내서 대화하는 것 말고도 서로의 마음을 전달하는 방법은 여러 가지가 있다. 우리 곁의 가까운 곳에서도 찾아볼 수 있다.

● 수화

말이나 글을 이용하지 않고 눈으로 보면서 이야기하는 방법 중 대표적인 것이 수화이다. 수화의 어휘 개수는 1만 3000여 개이다. 수화는 청각 장애인이 의사소통을 할 때 사용하지만 사실은 우리 모두에게 친근한 언어이다. 예를 들어 '오케이' 같은 동작도 사실은 수화의 하나이다.

● 필담

수업 중에 옆 자리 친구와 몰래 공책에 글을 쓰면서 대화한 적이 있지 않은가? 그걸 필담이라고 하는데, 글이나 그림을 종이에 써서 대화하는 방법이다. 편지와 다른 점은 필담은 상대방이 대화할 수 있는 거리 안에 있다는 것이다. 청각 장애인이나 언어 장애가 있는 사람이 의사소통할 때 사용하기도 한다. 다이버들이 물속에서 대화할 때도 필담을 사용한다.

● 점자

점자는 손으로 만져서 읽는 글자이다. 일반적으로 시각 장애인이 책을 읽거나 길거리의 도로 상황을 알아야 할 때 사용한다. 원래 점자의 시작은 군인이 밤에도 글을 읽을 수 있도록 개발한 암호였다. 점자처럼 손으로 만져서 판단할 수 있는 연구는 많이 이뤄졌다. 샴푸 통에 있는 올록볼록한 홈은 눈을 감아도 린스와 헷갈리지 않도록 붙인 것이다.

감정의 차이

비가 내리면 마음 한쪽이 쓸쓸해지고, 무지개를 보면 기쁘다. 눈이 내리면 설레기도 하고 치울 생각에 걱정이 앞서기도 한다. 인간은 이렇게 매일 다양한 감정을 품고 살아간다. 하지만 똑같은 것을 보고도 느끼는 인간의 감정이 모두 같다고는 단정할 수 없다. 운동을 못하는 아이는 달리기 시합이 있는 날에 비가 내리면 기쁠 수도 있다. 사람은 어떤 때 어떤 기분이 들까? 다양한 감정을 통해 모두의 마음속을 살짝 들여다보도록 하자.

감정의 차이

기쁜 일

기쁨은 행복을 느끼거나 사랑을 받아 마음이 따뜻해졌을 때, 혹은 스스로에게 자신감이 생겨서 힘이 날 때 느끼는 감정이다. 사람들은 어떤 경우에 기쁨을 느끼는지 알아보고 그런 기쁜 마음을 함께 나누도록 하자.

▶ 승리

달리기 시합이나 학교 시험에서 누군가를 이겼을 때 기쁨을 느끼는 사람이 많을 것이다. '난 반드시 1등을 할 거야!'라는 생각을 하면 뇌에서는 삶의 활력과 의욕을 북돋워 주는 남성 호르몬이 뿜어져 나온다. 또 새로운 일에 도전하거나 어려운 일에 성공한 순간에도 짜릿한 기쁨과 함께 다음 도전에 대한 의욕이 솟구친다.

삶의 활력이 마구 솟아나는군.

정말 열심히 했구나.

스스로를 점점 사랑하게 될 거야.

▶ 칭찬받기

"웃는 얼굴이 예쁘네요.", "노래를 참 잘하는구나." 다른 사람에게 이런 칭찬을 받으면 어쩐지 기분이 으쓱해진다. 칭찬한다는 것은 그 사람을 인정하고 받아들이는 것이다. 인간은 누구나 타인에게 인정받고 싶은 욕구가 있어서 남에게 칭찬을 받으면 기쁠 수밖에 없다. 만약 당신 주변 사람이 일을 잘했다면 마음껏 칭찬해 주자.

몸도 마음도 뽀송뽀송

▶ 화창한 날씨

햇살이 밝고 화창한 날에는 왠지 모르게 기분이 좋아진다. 인간은 햇살을 받으면 몸속에서 행복 호르몬이 만들어진다. 그래서인지 날씨가 좋은 날엔 괜스레 기분이 좋아지는 사람이 많다. 화창한 날들이 계속되는 남유럽에는 성격이 긍정적이고 행복도가 높은 사람들이 많다.

행복을 만드는 맛있는 재료

▶ 식사

맛있고 영양가 높은 음식을 먹으면 배와 마음에 포만감을 느껴 행복해진다. 음식을 먹을 때 이런 기분이 느껴지는 데에는 어엿한 이유가 있다. 행복한 감정과 만족감을 느끼려면 몸속에서 만들어지는 행복 호르몬이 필요하다. 그 행복 호르몬의 재료는 바로 우리가 매끼 챙겨 먹는 식사이다. 배가 가득 차도록 먹는 것은 행복의 재료를 먹는 것이라고 할 수 있다.

꼭 껴안고 사랑을 느끼자.

▶ 스킨십

좋아하는 사람이나 친구들, 부모님과 포옹하면 마음이 따뜻해지고 기분이 좋아진다. 인간은 친밀한 사람과 스킨십을 하면 몸속에서 행복 호르몬 또는 애정 호르몬이 나온다. 이 호르몬은 우정과 사랑을 더 깊게 만들어 주고 안정감과 행복감을 느끼게 한다. 이런 이유로 인간은 다른 누군가와 스킨십을 하면 기분이 좋아진다.

기대를 전혀 하지 않았어.

▶ 깜짝 파티

아무도 없을 거라고 생각한 어두운 방에 갑자기 가족이나 친구들이 나타나 "생일 축하해!"라고 외친다면 어떨까? 이런 깜짝 파티는 놀라우면서도 한편으로는 예상치 못한 일이라 기분이 좋아질 것이다. 기대가 전혀 없었는데 생각지도 못한 파티를 열어 줬으니 기쁨은 상당히 클 것이다. 그 차이가 클수록 기쁨은 더욱 커진다.

▶ 선물받기

누군가가 선물을 주거나 공부를 가르쳐 준다면? 사람은 상대방에게 뭔가를 받으면 기쁨을 느끼는 동물이다. 누군가에게 인정받았다는 느낌을 받으면 마음이 충만해지기 때문이다. 남에게 어떤 일을 해 주거나 도움을 주는 건 그 사람에게 좋은 기분을 선물하는 일이기도 하다.

기쁜 마음도 함께

야호! 억울함이 조금은 풀렸어.

피곤과 불안은 꿈속으로······.

▶ 수면

따뜻한 이불 속에서 계속 잠을 잤으면······. 잠을 자는 건 너무나 기분 좋은 일이다. 밤새 푹 자고 나면 피로가 풀리고 불안함도 어딘가로 사라진다. 수면에는 몸의 상대와 정신을 재 정비해 주는 효과가 있다. 그래서 잠을 푹 잔 후 눈을 뜨면 인간은 행복감으로 가득 찬다. 마음과 몸이 행복해지는 가장 쉬운 방법이다.

▶ 타인의 불행

솔직히 말해서 타인의 불행을 즐기는 마음은 누구에게나 있다. 인간은 무의식적으로 남과 자신을 비교해서 패배감을 느낀다. 그런 상황에서 상대가 불행해지는 것을 보면 왠지 자신의 패배감을 그 사람에게 돌려줬다는 느낌이 들어서 기분이 좋아진다. 하지만 기분만으로 바뀌는 건 아무것도 없다. 당신 스스로가 더욱 성장할 수 있도록 노력해야 한다.

감정의 차이

슬픈 일

인생에 즐거운 일만 있는 건 아니다. 사람은 살다 보면 반드시 슬픈 일과 마주하게 된다. 여기서는 사람들이 어떤 일에 슬픈 감정을 느끼는지 알아보고, 그런 감정과 어떻게 마주해야 좋을지 살펴보도록 하겠다. 되도록 슬픈 일은 자주 마주치지 않도록 우리 모두 노력해 보자.

▶ 이별

졸업, 이사, 실연, 죽음 등 인생에는 수많은 이별이 있다. 사람들은 이별할 때마다 마음에 구멍이 뻥 뚫린 것 같은 슬픔을 느낀다. 사랑하는 사람과 함께 나눴던 행복한 나날들을 앞으로 다시 보낼 수 없다는 것을 알기 때문이다. 당신이 느끼는 슬픔의 크기와 괴로움은 그 사람을 깊이 사랑했다는 증거이다.

고독은 위험의 표시

▶ 외톨이

아주 먼 옛날, 주변에 덩치 큰 짐승들이 들끓던 시절에 인간이 혼자 있는 것은 생명이 위협받을 정도로 위험했다. 그런 위험을 피하기 위해서 '혼자 있는 것=슬픈 것'이라는 감정(고독)이 인간의 본능에 자리 잡았다. 인간은 고독하면 슬프다고 인식하며 타인과 의사소통을 통해 마음이 편안해지는 것을 느낀다.

오늘은 꼼짝 않고 집에 있어야지.

▶ 비

비가 내리는 날에 어쩐지 마음이 축 처지고 서글퍼진다면 그건 당연한 본능이다. 비가 오면 몸이 흠뻑 젖어서 건강을 해칠 수 있고, 산사태 같은 사고에 휩싸일 가능성도 높아진다. 몸을 지키기 위해서 본능이 작동해 기분을 가라앉게 만들어 밖으로 나오지 않게 하는 것이다. 인간의 생존을 위한 본능이라고 할 수 있다.

난 공격받고 있어!

▶ 꾸지람을 듣는 것

숙제를 깜빡하거나 편식을 하면 선생님과 부모님에게 꾸지람을 듣는다. 꾸중을 들으면 슬퍼지는 사람도 있다. 자신이 공격을 받았다고 느끼기 때문이다. 하지만 선생님과 부모님은 당신을 공격하는 것이 아니다. 옳지 않은 일을 했다는 걸 일깨워 주고 싶어서 당신의 행동에 화를 낸 것이다. 만약 꾸지람을 들으면 무조건 슬퍼하지 말고 이유를 곰곰 생각해 보자.

저기 있어요.

▶ 무시당했을 때

사람은 남에게 무시당하면 자신이 미움을 받는 건 아닌가 싶어서 슬퍼진다. 무시는 글자 그대로 상대를 못 본 척하는 것이다. 이렇게 무시를 당해서 생긴 마음의 상처는 폭력에 맞먹을 정도라고 한다. 인간에게 너무나 가슴 아픈 일 중 하나라고 할 수 있다.

나는 도대체 뭐가 부족한 걸까?

▶ 타인의 행복

친구가 기뻐할 때 마음껏 같이 기뻐해 주지 못하고 오히려 슬픈 감정이 든다. 그 이유는 행복해 보이는 사람을 '이상적인 자신'과 겹쳐서 보기 때문이다. 내가 되고 싶은 나의 모습과 현재의 나를 비교하면 자신의 부족한 면이 보이니 슬픔과 분함이 느껴진다. 물론 내가 전혀 관심이 없는 일에 기뻐하는 사람에게는 이런 감정이 들지 않는다.

실망한 건 나의 탓이야.
이런……

▶ 어긋난 기대

달콤하고 맛있어 보이는 쿠키를 한 입 베어 물었더니 실망감이 한 가득이라면? 이런 식으로 기대가 어긋나서 슬펐던 경험은 누구에게나 있다. '실망'이라는 감정은 자기 머릿속의 이미지나 생각과 다른 결과가 나타났을 때 생긴다. 기대에 어긋나서 슬픈 것은 너무나 인간다운 슬픔이다.

모두 실패하면서 살아가는 거야.

▶ 실패

어떤 일에 실패하면 누구나 슬픈 감정이 든다. 하지만 실패의 슬픔 속에서 오뚝이처럼 다시 일어나는 사람도 있다. 그런 태도는 반성하는 마음과 다음에는 절대로 실패하지 않겠다는 긍정적인 마음이 있기에 가능하다. 실패는 성공의 어머니라는 말이 있다. 훌륭한 사람도 끊임없이 실패를 반복하면서 성장한다.

▶ 물건 잃어버렸을 때

소중한 물건을 잃어버렸거나 귀한 접시를 깨뜨렸을 때, 슬픈 감정이 든 적이 있을 것이다. 인간은 두 번 다시 돌이킬 수 없는 일을 저질렀다고 생각하면 슬퍼진다. 잃어버린 것을 대신할 것이 없다고 생각하니 슬픈 것이다. 만약 잃어버린 것과 똑같은 물건이 있다면 슬픔은 크지 않다. 그래도 소중한 물건은 잃어버리지 않도록 주의하자.

소중한 물건이라서 더 슬퍼.

감정의 차이

즐거운 일

매일매일 재미있는 일이 일어나고 즐겁게 웃으면서 살 수 있다면 그것만큼 행복한 일은 없을 것이다. 즐겁다는 것은 기대감으로 가슴이 두근거리거나 좋아하는 일을 할 때 생기는 감정이다. 자신은 물론 다른 사람들은 어떤 일에 재미를 느끼는지 알아보고 즐거운 하루하루를 보내자.

▶ **말장난**

'바나나가 웃으면? 바나나 킥!' 혹시 이런 말장난을 들어 본 적이 있는가? 싱거운 말장난을 잘하는 사람은 사실 상당히 머리가 좋다. 어린아이가 말장난을 재미있어 하는 이유는 서서히 말을 익혀 가는 단계이기 때문이다. 자신이 아는 단어와 엉뚱한 단어가 생각지 못한 관계로 이어져 있다는 것을 알게 되면서 말장난이 재미있어지는 것이다.

▶ **수집**

미니카나 피규어처럼 보이기만 하면 나도 모르게 사 버리는 물건은 없는가? 뭔가를 수집하는 것은 남성에게 더 많이 보이는 현상이다. 그 이유는 원시 시대의 남자들이 사냥을 하고 자신의 보금자리로 갖고 오는 데 만족감을 느꼈기 때문이다. 인간 본능의 흔적이라고 할 수 있다. 자기만의 물건이 늘어나거나 원하는 것을 완벽하게 모으는 데서 즐거움을 느낀다.

▶ **운동 관람**

축구와 야구 같은 운동 경기에서 팀을 응원하면서 재미를 느끼는 사람은 아마도 *고양감을 추구하는 사람일 것이다. 누가 이길지 알 수 없는 아슬아슬함과 응원하는 팀이 이기길 바라는 기대감 등 운동 관람은 사람을 흥분시키는 요소가 많다. 그리고 여러 사람과 함께 응원하면 남에게 감정이 퍼지고 고양감도 같이 올라간다.

▶ **소설**

운명적인 사랑, 도저히 풀리지 않는 수수께끼 같은 사건, 마법사와 하늘을 나는 용. 소설을 읽으면 현실에서 볼 수 없는 이야기에 가슴이 두근거린다. 누군가가 상상해서 만든 이야기에 재미를 느끼는 이유는 인간에게 타인의 감정에 공감하는 능력이 있기 때문이다. 그런 능력 때문에 소설 속 이야기의 주인공이 되어 상상의 세계에 흠뻑 빠져들기도 한다.

죽음이 바로 옆에 있는 것만 같아.

▶ 롤러코스터

일상에서 얻기 힘든 스릴을 느끼게 해 주는 롤러코스터는 매력적인 놀이기구이다. 사람은 긴장에서 해방될 때 커다란 성취감을 느낀다. 그래서 롤러코스터에 푹 빠진 사람들이 많다. 놀이기구에 재미를 느끼는 사람은 자극에 대한 욕구가 강한 편이다. 그렇지 못한 사람에게는 그저 고통일 뿐이니 억지로 태워서는 안 된다.

음악은 세상을 넘는다.

▶ 음악

졸업식 노래를 들으며 눈물 흘리고, 편안한 리듬에 기분 좋게 몸을 실었던 경험은 없는가? 음악이 사람의 감정을 움직이는 이유는 인간에게 음악만으로 상황을 이해하고 상상하는 능력이 있기 때문이다. 외국 노래를 들을 때 가사가 이해되지 않아도 즐겁고 기쁠 수 있다. 음악가 바흐는 음악은 세계어이며, 번역의 필요가 없다고 말했다.

두근거리는 호기심은 뇌를 살찌운다.

▶ 새로운 것

인간의 뇌는 새로운 것과 만날 때 활성화되면서 재미를 느낀다. 이런 두근거리는 마음은 인간의 욕구 중 하나이다. 그것을 '호기심'이라고 하는데, 호기심이 왕성한 사람일수록 새로운 것을 좋아한다. 책을 통해 알지 못했던 것을 배우거나, 아직 가 보지 못한 땅을 밟는 것처럼 사람은 새로운 만남을 경험하면서 뇌가 끊임없이 성장한다.

다음엔 분명히 딸 수 있어……!

▶ 도박

경마나 카지노, 카드 게임 등 어릴 적에는 별로 친숙하지 않았던 도박 역시 인간이 재미있다고 느끼는 것들 중 하나이다. 도박은 이길 확률보다 질 확률이 훨씬 높다. 그렇다고 다음번에 이길 가능성이 없는 것은 아니다. 이런 상황에서 경쟁심과 도전 정신이 생겨나는 사람들은 도박을 재미있다고 느낀다.

내 손으로 미래를 만들 거야.

▶ 만들기

모래로 성을 짓고, 블록으로 로봇을 만들고, 종이로 학을 접는다. 이렇게 뭔가를 만드는 일에 재미를 느끼는 사람이 있다. 머릿속으로 생각했던 것들이 자기 손을 통해 형태가 갖춰질 때 느끼는 성취감과 만족감 때문이다. 그런 감정이 무언가를 만드는 일에 몰두하게 한다. 그러다 보면 세상을 바꿀 발명품을 만들지도 모른다.

감정의 차이

무서운 일

당신이 무섭다고 느끼는 것은 무엇인가? 천둥? 뱀? 아니면 귀신? 무서운 것이 있다는 사실이 부끄러울 수도 있다. 하지만 무섭다는 감정은 위험한 것으로부터 몸을 지키기 위해 인간이 갖게 된 능력이다. 그러니 친구가 겁이 많더라도 놀리지 말고 도와줘야 한다.

무슨 일이 벌어질지 몰라서 가슴이 두근거려.

▶ 어두운 곳

눈은 책을 읽을 수 있고 사랑하는 사람의 얼굴을 볼 수 있게 해 준다. 하지만 밤이 되어 사방이 칠흑처럼 어두워지면 어디에 뭐가 있는지 알 수가 없고 어디에서 무엇이 튀어나와도 모른다. 그런 상황이 불안함을 만들어 낸다. 그만큼 인간은 *오감 중에서도 특히 눈에 의지하며 살아간다.

아주 먼 옛날부터 사이가 좋지 않았어.

▶ 뱀

아주 먼 옛날, 인간의 조상인 원숭이는 나무 위에서 생활했다. 그 이유는 하늘 위에서 사냥감을 찾는 매와 독수리가 나뭇잎이 무성한 곳까지는 올 수 없어 안전했기 때문이다. 나무 위에 사는 원숭이의 유일한 천적은 바로 뱀이었다. 뱀은 사냥감이 보이면 슬금슬금 다가가 혀를 날름 내밀어 통째로 삼켜 버린다. 인간 역시 위험한 뱀을 감지하고 몸을 지키기 위해 뱀을 보면 무섭다고 생각하도록 진화한 것이다.

우르릉 쾅쾅!

소리와 빛의 이중 공격

▶ 천둥

갑자기 나타나는 거대한 소리와 눈부신 빛. 이런 천둥을 무서워하는 사람이 많다. 천둥소리는 어느 정도로 클까? 소리의 크기는 '데시벨'이라는 단위로 나타낸다. 눈이 내리는 소리는 20데시벨, 귓속말은 50데시벨, 매미 울음소리는 70데시벨이다. 가까운 거리에서 떨어지는 천둥은 무려 140데시벨이니 차의 경적 소리나 개 짖는 소리보다도 크다. 소리를 무서워하는 건 당연한 일이다.

너의 불안이 귀신이 되어 나오는 거야.

▶ 귀신

사람들이 가장 무서워하는 것은 아마 귀신이 아닐까? 어두운 곳에 있거나 죽은 사람이 잠든 묘지에 있으면 뭔가 무서운 일이 벌어질 것 같은 불안한 마음이 생긴다. 어떤 주장에 따르면 이런 내면의 불안이 마치 무언가 있는 것처럼 느끼게 만든다고 한다. 보이지 않는 것을 보는 능력은 상상력이다. 상상력이 풍부한 사람일수록 귀신의 존재를 강하게 느낀다.

"이제 어디로도 도망갈 수 없어."

▶ 좁은 곳

석기 시대가 되고 지상으로 나와 생활하기 시작한 인간은 수많은 육식 동물의 위협을 받았다. 하지만 좁은 곳은 도망칠 데가 마땅치 않아서 꼼짝없이 짐승들에게 잡아먹힐 수밖에 없다. 그래서 좁은 곳은 위험하다는 공포심이 생겼다. 그 밖에도 좁은 곳에 갇힌 경험이 있으면 좁은 곳이 싫어지기도 한다. 이것 역시 살고 싶다는 마음의 표현인 것이다.

"꺅" "난 너희가 좋아할 줄 알았어."

▶ 피에로

유쾌한 화장과 몸짓으로 서커스나 파티의 분위기를 띄우는 피에로. 하지만 피에로를 보고 무섭다고 느끼는 사람도 있다. 진하고 화려한 화장에 가려 표정이 보이지 않으니 무슨 생각을 하는지 알 수 없기 때문이다. 사람들을 즐겁게 해 주려고 그런 분장을 했는데 전혀 다른 반응이 나온 것이다. 어쩐지 피에로는 남모르는 슬픔이 있는 것 같다.

"바닷속에는 뭐가 있을까?"

▶ 바다

깊고 깜깜한 바닷속은 아직도 풀리지 않은 비밀로 가득하다. 혹시 '거대한 생명체'가 튀어나오진 않을까? 하는 상상으로 바다를 보면 두렵다는 사람도 있다. 또 물속으로 빨려 들어간다는 감각에 사로잡히거나, 물에 빠지는 이미지가 떠올라 바다를 무서워하는 사람도 있다. 인간은 정체를 알 수 없는 존재에 공포를 느낀다.

나와 다르게 생겼다 = 이상한 녀석

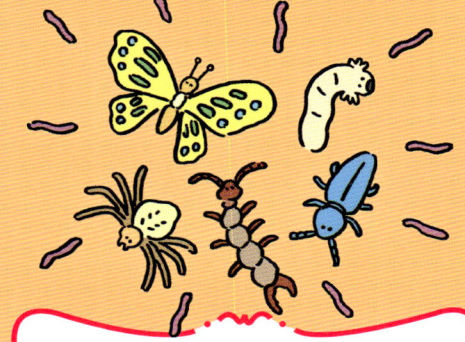

▶ 벌레

인간은 자신의 모습과 다른 생명체를 보면 내 편이 아니라고 판단하고 두려움을 느낀다. 모습이 다르면 다를수록 두려움은 더욱 커지는데 그 대표적인 예가 벌레이다. 벌레는 다리가 많이 달려 있고, 얼굴과 몸의 형태와 움직임 모두 사람과 딴판이다. 참고로 색깔이 선명하거나 모양이 화려한 벌레는 적에게 공격당하지 않도록 일부러 더 특이하게 진화했다는 주장이 있다.

"저 세상으로 가는 방법을 알고 있어."

▶ 높은 곳

밖이 훤히 보이는 엘리베이터를 타거나, 높은 곳에 올라가면 몸이 간질간질하고 다리가 후들거린 경험이 있지 않은가? 몸이 그런 반응을 보이는 이유는 아주 높은 곳에서 떨어지면 큰 상처를 입거나 죽을 수도 있다는 걸 알고 있기 때문이다. 높은 곳을 무서워하는 건 몸이 당신을 위험으로부터 지키기 위해서이다.

반성할수록 효과가 있어.

▶ 끝이 뾰족한 물체

가위 끝이 자신을 향해 있으면 무섭다. 뾰족한 것을 보면 무섭다고 느끼는 사람이 있다. 뾰족한 것이 자신을 향할 때 무서운 이유는 칼처럼 몸에 상처를 줄 수 있는 물건으로부터 자신을 지키려는 인간 본능이 작용하기 때문이다. 또는 어린 시절에 뾰족한 물건을 갖고 놀다가 상처를 입은 경험이 있는 사람은 뇌가 기억해서 계속 무서움을 느끼기도 한다.

이쪽은 쳐다보지 마.

▶ 저주

저주는 어떤 특정인에게 안 좋은 일이 일어나기를 기원하는 것을 말한다. 저주의 효과에 대해 과학적인 근거는 없다. 하지만 오히려 자신이 저주를 받을 만한 나쁜 짓을 했다고 죄책감을 느끼는 사람이 저주에 효과가 있다고 굳게 믿는다. 죄책감은 반성하는 마음이 있어야만 생기는 감정이다. 그런 의미에서라면 저주를 무섭다고 느끼는 건 양심이 있는 사람이라는 증거일 수도 있다.

도저히 억누를 수 없는 내 마음

▶ 연애

사랑은 맹목적이라는 말이 있는데, 사람이 사랑에 빠지면 주변이 보이지 않고 아무 생각도 할 수 없다. 연애를 무섭다고 느끼는 이유 중 하나는 자신의 감정과 행동을 조절할 수 없기 때문이다. 두근거리는 심장은 내 힘으로는 억제할 수 없다. 그러면 스스로에게 자신감이 떨어지고 사랑하는 사람이 날 싫어하는 건 아닐까 하는 불안이 생긴다. 그렇기 때문에 사랑하는 것이 두려워진다.

어머나, 귀여워라.

부들부들

▶ 거대한 물체

거대하고 묵직한 불상을 보면 자신이 얼마나 작은지 깨닫게 된다. 그래서 거대한 불상을 두려워하는 사람도 있다. 거대한 물건에 공포를 느끼는 이유는 먼 옛날 공룡이 살던 시절로 거슬러 올라간다. 작은 쥐나 다름없었던 인류의 조상은 자신의 몸을 지키기 위해서 커다란 동물을 피해 다녔다. 그 무렵 생긴 두려움이 지금까지도 인간의 기억엔 남아 있는 것이다.

언제 터질까? 언제 터질까!

▶ 풍선

펑 하고 커다란 소리를 내며 터지는 풍선. 솜털처럼 가볍게 둥실둥실 떠오르는 귀여운 풍선이지만 풍선이 터지는 장면을 상상하면 두렵고 가슴이 조마조마해진다. 어릴 적 풍선 놀이를 하다가 놀랐던 경험이 있는 사람은 이런 두려움을 느낀다고 한다.

당신 도대체 누구야?!

▶ 낯선 전화

언제든지 편하게 전화할 수 있는 휴대 전화. 번호와 이름을 저장해 두면 전화 건 사람이 누구인지 알지만, 저장하지 않은 번호로 전화가 올 때는 상대가 누구인지 알 길이 없다. 모르는 번호에 공포심을 느끼는 사람이 있다. 그래서 회사나 집 전화를 받는 것이 두려운 사람이 많아졌다고 한다. 편리함은 한편으로는 공포를 만든다.

▶ 숫자 4

동아시아 국가인 한국, 일본, 중국에서는 4라는 숫자에 대해 불길함을 넘어서 두려움까지 느낀다. 그 이유는 4가 죽음을 뜻하는 한자 '사'와 발음이 같기 때문이다. 이들 나라에서는 4를 불길하게 느낀 나머지 아파트나 주차장, 병원 같은 건물에서 되도록 4를 쓰지 않는다. 이렇게 보니 어쩐지 4라는 숫자가 불쌍해진다.

그저 발음이 같을 뿐인데!

눈은 입보다 많은 걸 말해 주지.

▶ 시선

타인의 시선을 감지하면 그 사람이 무슨 생각을 하는지 혼자 상상하고 두려움을 느낀다. 특히 스스로에게 자신감이 없을수록 상대가 자신을 어떻게 생각하는지 신경이 쓰이고 불안하다. 그런 감정이 생기는 이유는 남들과 사이 좋게 지내고 싶고 남들의 생각에 공감하려는 따뜻한 마음씨 때문이다.

입이 벌어지지 않아.

▶ 땅콩버터

빵에 발라 먹는 땅콩버터에 두려움을 느끼는 사람도 있다. '미끈미끈한 버터가 입술에 달라붙어서 입이 벌어지지 않으면 어떡하지?' 하는 상상이 원인일 수 있다. 심지어 땅콩버터를 보는 것만으로도 식은땀이 나고 몸이 떨리는 사람도 있다. 두려움을 느끼는 대상은 사람에 따라 천차만별이다.

▶ 경찰

전 세계 많은 나라의 경찰 제복이 푸른색 계열인 이유가 있다. 대부분의 사람은 이 색상에 대해 엄격한 규칙, 상식, 진지함 같은 이미지가 있다. 그래서 푸른색 제복을 입은 경찰을 보면 나쁜 짓을 한 것도 아닌데 심장이 두근거리고 '당신은 규칙을 잘 지키고 있는가?'라며 추궁을 당하는 느낌이 든다.

나쁜 짓도 안 했는데……

감정의 차이
부끄러운 일

욕실에서 나 혼자 발가벗고 있을 때는 괜찮지만 밖에서 그러고 있다는 생각만으로도 부끄러움을 느낀다. 부끄러운 감정은 자신의 행동이 옳지 못했을 때 생긴다. 하지만 때로 당신은 부끄러워서 견딜 수 없는데 다른 사람은 전혀 그렇게 생각하지 않는 경우도 있다.

어쩔 수 없는 것이지만 부끄럽긴 하다.

▶ 방귀
교실에서 나도 모르게 뿡 하고 방귀를 뀐 적은 없는가? 방귀가 창피한 이유는 배설의 이미지가 떠올라 더럽다고 생각하기 때문이다. 하지만 방귀를 뀌는 것은 너무나 당연한 생리 현상이다. 참고로 어떤 나라에서는 방귀보다 딸꾹질이나 트림을 더욱 부끄럽게 생각한다. 부끄러움도 사람에 따라 다르다.

평소에는 보여 주지 않는 나의 모습

▶ 나체
나체를 창피하다고 생각하는 이유는 당신이 평소에 옷을 입기 때문이다. 세상에는 나체로 살아가는 사람들도 있는데, 그들에게는 나체가 오히려 일반적이다. 시대에 따라서도 나체에 대한 인식이 다르다. 선사 시대 사람들은 옷을 벗고 있어도 부끄러워하지 않고 신경도 쓰지 않았다. 그런 시절에는 남녀가 함께 목욕해도 전혀 부끄러운 일이 아니었다.

▶ 남들과 다른 것
남들과 다르면 부끄럽다고 생각하는 사람이 있다. 특히 옛날부터 주변 사람과 협력하는 것을 중요시했던 아시아인은 남들이 자신을 어떻게 바라보는지 상당히 중요하게 여겼다. 그래서 주변 사람과 똑같지 않으면 부끄러움을 느낀다. 반대로 미국처럼 *이민자가 많아 저마다 외모와 성격이 다른 나라의 사람들은 남들과 다른 것을 당연하게 생각한다.

모난 돌이 정 맞는 법이지.

공부를 전혀 못 했어요.

▶ 노력
어떤 사람은 노력하는 모습을 남에게 보이는 걸 부끄러워한다. 노력했는데 실패하면 부끄럽다거나, 노력하지 않으면 일을 못하는 사람으로 보일 것 같다는 걱정이 이런 두려움을 낳았다. 노력하는 모습은 때로는 감동을 줄 정도로 멋지다. 다들 그걸 알지만 사회적 동물인 인간은 언제나 주변의 시선에 민감하다.

전 이런 목소리 몰라요!
어머, 누구야?
있잖아

▶ 자신의 목소리

녹음기에 담긴 자신의 목소리를 듣고 내 목소리 같지 않고 이상하다며 부끄러워한 적은 없는가? 사람들은 자기 목소리를 귀로 듣지 않고, 두개골로 직접 듣는다. 그래서 남들이 귀로 듣는 목소리와 내가 듣는 목소리는 완전히 다른 소리처럼 들린다. 그런 차이점이 부끄러움을 낳는다.

미움을 받고 싶진 않단 말이야.

▶ 좋아하는 사람

좋아하는 사람과 함께 시간을 보내거나 얼굴을 맞대고 대화하는 것은 즐겁고 가슴 떨리는 일이다. 하지만 너무 부끄러운 나머지 좋아하는 사람을 앞에 두고 아무 말도 못하고 우물쭈물하기도 한다. 그 이유는 당신이 좋아하는 사람의 호감을 사고 싶고, 미움은 받기 싫다는 생각이 강력하기 때문이다. 상대방을 너무 좋아한 나머지 자신의 나쁜 점을 감추고 싶은 심리의 표현이라고 할 수 있다.

미숙한 과거의 나여, 안녕.
잊고 싶어.

▶ 과거의 자신

자신의 과거 사진을 보거나 추억을 떠올렸을 때 '아, 내가 왜 이런 짓을 했을까?' 하고 부끄러운 생각이 든 적이 있을 것이다. 그건 지금의 내 눈에 과거의 내가 어설프게 보이기 때문이다. 그건 당신이 성장했다는 증거이다. 그러니 전혀 나쁜 일이 아니다. 오히려 과거의 실패와 부끄러움을 인정한 스스로를 칭찬해 주자.

▶ 혼자서 넘어지기

사람이 많은 곳에서 혼자 벌러덩 넘어지면 뭐라고 표현할 수 없는 부끄러움이 밀려온다. 인간은 어쩌다가 실패를 하면 실패한 내용보다는 '실패를 저지른 사람'이라는 취급에 부끄러움을 느낀다. 만약 "밑에 계단이 있는 줄 정말 몰랐어."라고 자신의 실수가 어쩔 수 없었다는 변명을 할 상대방이 있으면 부끄러움은 좀 수그러든다.

다들 흥미는 있겠지만
○ 순결 × 야한 것

▶ 야한 것

사춘기가 되면 많은 야한 것에 흥미를 느낀다. 이것은 너무나 당연하면서도 중요한 욕구인데 어쩐지 부끄럽다. 사실, 이건 기독교의 영향 때문이다. *성령으로 태어난 예수 그리스도의 훌륭함을 사람들에게 전달하기 위해 야한 것보다는 순결과 사랑이 중요하다는 생각을 강조했다. 만약 역사가 달라졌다면 야한 것을 전혀 부끄러워하지 않았을지도 모른다.

키득키득
뺀질이 인상이 창피하다고 숨가락질하지 말아 줘.
꽈-당!

그 밖의 감정의 차이

● 분하다

분해 죽겠다는 감정이 있다면 아직은 더 분발할 힘이 남아 있는 것이다. 승부에서 지거나 목표를 달성하지 못했을 때 느끼는 이런 감정은 포기하지 않았을 때 생긴다. 나와 이제 상관없는 일이라며 포기하면 분한 감정을 느끼지도 않는다. 그러니 포기하지 말고 다시 힘을 내서 도전해 보자.

아직 포기한 건 아니야!

● 자부심

사람들에게 자랑하고 싶은 마음은 자부심이라는 감정이다. 그런데 어떤 순간이 자랑스러운지는 사람마다 다르다. 중요한 상을 받거나 남에게 칭찬받을 때 자부심을 느끼기도 하고 해결해야 할 문제에서 도망치지 않고 맞서 책임을 다했을 때 자부심을 느끼는 사람도 있다. 당신은 어떤 일에 자부심을 느끼는가?

누가 내 얘기 좀 들어줘!

대체 뭐가 재미있다는 거야?

● 따분하다

운동이나 공부가 누군가에게는 재미있겠지만 다른 사람에게는 따분하게 느껴질 수도 있다. 사실 재미있는 것과 따분한 것은 정반대의 감정이다. 만약 당신이 어떤 일을 따분하다고 느꼈다면, 그건 당신에게 재미를 주는 신선함이나 자극이 부족해서일지도 모른다.

도저히 어떻게 할 수가 없네.

● 안타깝다

좋아하는 사람이 다른 누군가와 사랑에 빠졌을 때 가슴이 한없이 답답해졌다면 그건 바로 안타깝다는 감정이다. 안타까움은 스스로 도저히 어찌할 수 없는 마음 상태를 말하는데, 슬픔보다는 고통스럽고 괴로운 감정이다. 노을이 지거나 즐거운 시간이 끝났을 때 안타까움을 느끼기도 한다.

● **그립다**

그리움은 옛날 음악을 듣거나 사진을 볼 때 생기는 감정이다. 사실 그리움이란 감정은 약간은 부정적인 기분일 때 생기기 쉽다. 현재보다 과거의 자신을 매력적이라고 느끼는 상태이기 때문이다. 하지만 한편으로는 그리움을 느낀 후에 자신의 매력을 떠올려서 좀 더 긍정적으로 변할 수도 있다.

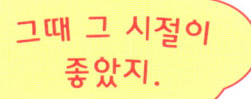
그때 그 시절이 좋았지.

언젠간 나도 저렇게 될 거야!

● **부럽다**

어떤 물건이나 외모, 환경 등 자신에게 없는 것을 누군가가 갖고 있으면 부러움을 느낀다. 부러움이란 나도 그렇게 되길 바라는 일종의 향상심의 표현이다. "나는 나니까 남에게는 전혀 신경 쓰지 않아."라고 말하는 사람도 있겠지만 사실 남을 부러워하는 순간이 있어도 괜찮지 않을까?

● **허무하다**

형태는 있지만 알맹이가 없다. 마음이 그런 식으로 텅 빈 상태처럼 느껴지는 감정이 바로 허무함이다. 예를 들어 노력은 했지만 결과로 나타나지 않을 때, 쉬는 날에 하루 종일 아무것도 하지 않고 빈둥거릴 때이다. 만약 그렇게 보낸 시간이 자신에게 의미 없는 시간이라면 허무하겠지만 정말로 그런 시간이 의미가 없었는지는 스스로에게 달려 있다.

어? 난 대체 뭘 한 거지?

마음속 깊은 곳에서 솟는 애정

● **사랑스럽다**

좋아하는 사람이나 아기를 보면서 뭉클한 마음이 차오른다면 그것은 '사랑스럽다'는 감정이다. '사랑'이라는 감정은 자손을 남기기 위한 인간의 본능이다. *옥시토신이라고 불리는 애정 호르몬과 관계가 있는데, 특히 아이를 키우는 엄마가 잘 느끼는 감정이다. 옥시토신은 행복 호르몬이라고도 불린다.

● **샘나다**

부러움에 그치지 않고 분하다는 생각까지 든다면 샘이 나는 것이다. 샘이 나면 너무나 괴로운데 수많은 사회인이 느끼는 감정이다. 샘나는 감정을 긍정적으로 바꾼다면 '더 힘을 내서 열심히 살자!' 이렇게 파이팅을 외칠 수 있는 거대한 에너지가 된다. 당신은 그런 위기를 기회로 바꿀 수 있는 사람인가?

부럽기도 하고, 분하기도 해……
얍!
부르르

생각의 차이

사람마다 생각이 다르니 사물을 바라보는 시각 또한 저마다 다르다. 똑같은 일을 두고 세상에는 수많은 생각이 존재할 수 있다. 정답이 단 하나만 있는 것은 아니다. 이번에는 사람들이 무엇을 믿고 또 어떤 식으로 사물을 바라보는지 살펴보면서 서로 다른 생각을 비교해 보도록 하자. 대답은 분명히 당신 내면에서 발견할 수 있을 것이다.

생각의 차이

공부하는 이유

'왜 공부를 해야 하지?' 누구나 이런 생각을 해 본 적이 있을 것이다. 공부는 당신의 인생을 풍요롭게 해 주는 수단 중 하나이다. 여기서 소개하는 다양한 생각을 참고해서 자신이 공부를 해야 하는 이유를 찾아보도록 하자. 분명히 공부할 의욕이 생길 것이다.

▶ 이상적인 자신이 되기 위해

'언젠간 우주 여행사가 되어 인류를 구할 거야.' '꽃집 주인이 되어 사람들에게 향긋한 꽃을 선물할 거야.' 이렇게 누군가에게 도움을 주는 꿈을 꾼 적이 있는가? 이상적인 자신의 모습에 다가가려면 기본적으로 지식이 필요하다. 공부는 자신의 꿈을 이루기 위한 수단 중 하나이다. 꿈을 꾸고 열심히 공부했던 기억들은 분명히 당신에게 도움이 될 것이다.

▶ 사회를 위하여

정비된 도로와 전철, 원하는 물건을 살 수 있는 가게, 맘 편히 공부할 수 있는 학교까지. 지금 우리가 풍요롭게 살아갈 수 있는 이유는 앞선 세대가 수많은 연구를 한 덕분이다. 어린이 역시 어른이 되면 다음 세대를 위해 보다 좋은 사회를 만들어야 한다. 그러기 위해서는 공부를 열심히 해서 다양한 지식을 쌓아야 한다.

▶ 살기 위해

공부는 너무 지긋지긋하다고 생각하는 사람이 적지 않을 것이다. 귀찮은 공부가 사라지면 매일매일 놀 수 있어서 즐거울 것만 같다. 하지만 공부를 전혀 하지 않으면 어떻게 될까? 길거리 간판을 읽을 수 없고, 물건을 사도 계산할 수가 없다. 이건 전혀 즐겁지 않을 뿐더러 하루하루 생활하기도 힘들다. 어떻게 보면 살기 위해 공부하는 것이다.

▶ 돈을 잘 벌기 위해

공부를 잘할수록 학력이 높아지고, 학력이 높을수록 원하는 직업을 선택할 가능성이 높아진다. 다시 말해 돈을 많이 버는 직업을 가질 확률도 높아진다. 현대 사회에서 돈이 있다는 것은 사회적인 지위가 높아졌다는 것을 의미하기도 한다. 훗날 돈을 많이 벌기 위해 공부를 열심히 해야겠다고 생각하는 사람도 있다.

▶ 판단력을 기르기 위해

만약 당신에게 생각하거나 고민하는 능력이 없다면 어떻게 될까? 아마 남들이 하는 말은 무엇이든 다 믿어 버릴 것이다. 이것은 너무나 위험하다. 믿을 수 있는 것과 의심해야 할 것을 구분하는 능력은 살아가는 데 매우 중요하다. 공부를 하면 다양한 지식과 생각을 얻을 수 있다. 하나의 정보라도 다양한 시점에서 생각해 본다면 어떤 선택이 좋은지 판단할 수 있다.

선택해야 할 길을 스스로 정해야지.

출발선에 서는 방법

▶ 무지를 알기 위해

"무지를 아는 것이 앎의 지름길이다." 이 말은 고대 그리스의 *철학자 소크라테스가 한 말이다. 자신이 아무것도 알지 못한다는 것을 인정해야 비로소 세상의 이치를 알 수 있다는 뜻이다. 그리고 나의 무지를 알아야 자신이 타인의 눈에 어떻게 비춰지는지 알 수 있다. 그렇게 되면 타인을 존중할 수 있게 된다. 지식을 배우는 것만이 공부는 아니다.

넓은 세계로 나갈 거야.

무엇이든 할 수 있어.

▶ 누군가를 위해

당신이 열심히 노력했는데 그 일이 남에게 도움이 된다면 보람을 느낄 것이다. 예를 들어 의사가 되어 전 세계의 환자를 구하고 싶다면 공부할 의욕이 생길 것이다. 누군가를 위해 공부하는 것도 공부를 하는 이유가 된다. 자신에게 소중한 사람을 지키려면 힘이 필요하다. 공부로 얻은 지식과 생각할 수 있는 능력은 앞으로 살아가는 데 소중한 힘이 될 것이다.

수수께끼를 푸는 열쇠는 공부야.

▶ 자유를 얻기 위해

세상에는 자유를 얻기 위해 공부하는 사람도 있다. 공부는 동남아시아나 아프리카처럼 가난한 지역에서 좋은 일자리를 얻을 수 있는 가장 확실한 수단이다. 공부를 열심히 한다는 것은 스스로 미래를 선택할 수 있는 자유를 얻는다는 의미이다. 사는 곳이 어디든 공부를 열심히 하면 미래의 가능성은 넓어진다.

영웅이 되려면 힘이 필요해.

▶ 왜 그런지 알기 위해

'왜? 무엇 때문에?' 세상에서 일어나는 다양한 일에 의문점이 생기는 것은 당연하다. 인간에게 배움이라는 것은 '왜?'라는 의문에 대답을 구하는 일이기도 하다. 과학과 기술이 발전한 현대에도 여전히 세상엔 밝혀 내지 못한 것이 많다. 공부는 그런 의문들을 풀기 위해서라도 인간이 해야 할 역할 중 하나이다.

생각의 차이

사후 세계

대부분의 사람은 죽음을 두려워한다. 그래서 인간은 죽음 이후의 세계를 상상하면서 공포와 슬픔을 극복해 왔다. 죽으면 저승에 갈 수도 있고, 유령이 될 수도 있다. 사후 세계에 대한 생각이 많아질수록 그 세계는 넓어진다. 여기서도 사후 세계를 한번 들여다보자.

하루하루의 행동이 당신이 갈 곳을 결정한다.

▶ 천국과 지옥

기독교와 이슬람교의 교리에 따르면 인간은 죽어서 천국에 간다고 한다. 천국은 천상의 이상적인 세계로 사람의 혼이 영원토록 축복을 받는 장소이다. 하지만 천국에 갈 수 있는 사람은 살아 있는 동안에 착한 일을 한 사람뿐이다. 나쁜 짓을 저지른 사람은 지옥에 떨어진다. 천국에 가고 싶다면 꾸준히 좋은 일을 해야 한다.

가까이에서 지켜 줄게.

▶ 신이 되다

일본의 종교인 *신도에 따르면 인간의 영혼은 신에게 받은 것이다. 죽으면 사람의 영혼은 신 곁으로 돌아가서 자손의 삶을 지켜 주는 신이 된다. 신도에는 수많은 신이 있다. 산과 바다의 신, 부엌과 화장실의 신, 음식물의 신 등등. 신도는 당신 주변의 온갖 물건에도 신이 깃들어 있고 언제나 당신 곁을 지켜 준다고 믿는다.

음, 걱정되는데……

이곳에 머물러야 할 이유가 있습니다.

▶ 유령이 되다

수많은 종교에서 사람이 죽으면 그 영혼은 신의 곁이나 다른 세상으로 간다고 믿는다. 하지만 때로는 이 세상에 남은 영혼이 유령의 모습으로 나타나기도 한다. 왜 저 세상으로 가지 않은 걸까? 그 이유는 후회되는 일이 있거나 꼭 전하고 싶은 말이 있거나 이 세상에 아직 미련이 남아서이다. 후회하는 일이 없도록 열심히 살아가자.

계속 이어지는 생명의 바통

▶ 윤회전생

한국을 비롯한 아시아 각 나라에서 친숙한 불교에서는 사후에 다른 생명으로 다시 태어난다고 믿는다. 이것을 '윤회전생'이라고 하는데 죽으면 다음 생명체로, 다시 죽으면 또 다음 생명체로 계속 거듭해서 태어난다. 끝을 모르는 생명의 여행을 한다고 생각하면 쉽다. 당신은 태어나기 전에 어떤 생명체였을지 한번 상상해 보자.

영원히 삶을 살고 싶어.

▶ 부활하다

고대 이집트에서는 죽은 사람을 미라로 만들어 매장하는 풍습이 있었다. 이것은 사후에도 영원히 살 수 있도록 혼을 되돌리고 몸을 보존하기 위해서이다. 이집트인은 죽음을 너무나 무서워했지만 사람은 죽은 후에도 부활할 수 있다고 굳게 믿음으로써 죽음을 받아들일 수가 있었다.

하늘을 자유롭게 날고 싶다.

▶ 새가 되다

일본 신화의 영웅 야마토타케루는 신의 분노를 사서 목숨을 잃었다. 그 후에는 하얀 새가 되어 날아갔다고 전해진다. 현재 일본에 남아 있는 가장 오래된 노래집에는 죽은 인간의 영혼이 새가 된다는 내용의 노래가 많다. 고대 일본인들은 하늘 높이 날아가는 새는 죽은 인간이 새로 태어난 거라고 생각했다.

▶ 별이 되다

바다를 여행하던 폴리네시아의 선주민들에게는 별은 유일하면서 가장 확실한 길 안내자였다. 그들은 죽기 전에 자신이 좋아하는 별을 정하고 죽으면 그 별에 살 거라고 말한다. 죽으면 별이 된다는 이야기나 신화는 세계 각지에서 많이 볼 수 있다. 인간은 아주 먼 옛날부터 반짝반짝 빛나는 별에 동경을 품었다. 당신도 좋아하는 별을 찾아보도록 하자.

모두가 동경하는 그곳으로

두려워하지 말자, 그저 죽는 것뿐이니까.

펑

괜찮아. 그저 죽는 것일 뿐이야.

▶ 사라지다

죽으면 그걸로 끝이다. 애초에 사후 세계 따위는 없다고 생각하는 사람도 있다. 죽으면 혼도 사라지고 내세의 세계도 없고 아무것도 없다는 생각은 기원전 300년 무렵 철학자 에피쿠로스의 주장에서 시작됐다. 그는 죽음과 사후 세계를 두려워하는 사람에게 그저 죽는 것일 뿐이니 아무 걱정할 것 없다며 안심을 시켰다고 한다.

생명은 순환한다.

▶ 자연으로 돌아가다

인간도 다른 생물과 마찬가지로 자연에서 태어난 생명체이다. 그래서인지 죽음을 자연의 순환으로 생각하는 사람도 있다. 죽은 후에 화장을 해 뼈 가루를 산이나 강, 바다에 뿌리기도 하고, 묘비 대신 나무를 심는 수목장도 있다. '자연장'이라고 불리는 이런 장례 방식은 자연으로 돌아가고 싶은 사람들이 많이 이용한다.

생각의 차이

미남·미녀

사람은 각자의 생각과 시각에 차이가 있다. 그렇기 때문에 딱 떨어지는 미의 기준을 정하기란 상당히 어렵다. 이런 이유로 세상에는 문화와 지역에 따라 상당히 다양한 미남 미녀가 존재한다. 당신은 어떤 사람을 보고 미남 미녀라고 느끼는가?

★ 처음 두 페이지에서는 남성을 소개하고, 다음 페이지에서는 여성을 소개한다.

내 멋진 모습을 봐!

▶ **수염**

성인 남자의 남성성을 가장 잘 드러내는 수염. 이슬람권 남성은 대부분 턱과 입 주변에 수염을 기르는데, 수염이 멋있게 난 남자를 미남이라고 생각한다. *생물학에서는 남성의 수염이 사슴의 뿔이나 공작의 깃털처럼 여성에게 매력을 발산하는 수단이라고 본다. 그리고 이슬람권 이외에서도 수염을 기른 남성은 박력 있다며 좋은 평가를 받기도 한다.

▶ **근육질**

세계 각지에서 인기가 많은 남자 유형으로 근육이 발달한 남성을 꼽기도 한다. 울퉁불퉁한 근육을 만들려면 식단을 조절하고 높은 강도의 운동을 하는 등 스스로를 엄격하게 통제해야 한다. 그래서 근육질인 남성은 자기관리를 잘 한다는 이미지가 있고 그것이 매력으로 이어진 것이다.

나 자기 관리를 잘하고 있지?

강하다는 게 뭔데?

오, 눈부셔.

▶ **중성적**

하얀 피부에 가느다란 골격, 여자 같은 인상을 주는 중성적인 남성이 인기가 많은 나라가 있다. 한국, 중국, 일본의 동아시아 지역에서는 예전부터 늠름한 남성이 인기가 많았지만 요즘에는 반드시 그렇지만은 않다. 그 이유 중 하나는 시대의 변화이다. 남성에게 이제 더 이상 생존을 위한 강인한 육체를 원하지 않는다. 어쩌면 평화가 오랫동안 이어진 결과 생겨난 현상일지도 모른다.

남자다움은 머리카락에서 나온다.

▶ **적은 머리숱**

머리숱이 적은 남성은 왠지 인기가 없을 것 같지만 반드시 그런 것은 아니다. 유럽의 많은 나라에서는 머리숱이 적을수록 남성호르몬이 많다고 생각한다. 그래서 머리숱이 적은 남자를 남자답다고 여긴다. 중국에서는 머리를 쓰면 쓸수록 머리숱이 적어진다고 생각해 이런 사람을 현명한 사람이라 여기고 인기도 많다.

▶ 새하얀 눈과 치아

서아프리카에 사는 보로로족은 매년 가장 아름다운 남성을 뽑는 대회를 연다. 보로로족 사람들은 새하얀 눈자위와 치아를 가진 남성을 아름답다고 여긴다. 이곳 남성들은 축제 날이 되면 화장을 하고 장신구도 단다. 그리고 눈과 입을 크게 벌려서 여성에게 매력을 발산한다. 대회를 위해 피부 관리도 받으며 아름다워지려는 노력을 게을리하지 않는다.

언제나 아름답고 싶어.

두둑한 배짱

두둥

▶ 두툼한 배

일본에서는 20세기 초반 정도까지 큰 북처럼 배가 두툼하게 나온 사람을 남자다움의 상징으로 여겼다. 아랫배가 나온 사람은 건강할 뿐만 아니라 배짱이 두둑하고 당당한 남자라고 생각한 것이다. 하지만 점점 날씬하면서도 근육이 있는 몸을 매력적으로 느끼기 시작했다. 시대에 따라서 미남의 기준은 크게 달라지는 것 같다.

무섭지? 강해 보이지?

▶ 가발

가발은 빈약한 머리숱을 감추기 위한 용도만은 아니다. 파푸아 뉴기니 후리족 남자들에게 가발은 조상의 혼이 살아 숨 쉬는 소중한 것이다. 또 어른이라는 증거이자 여성의 마음을 사로잡을 수 있는 중요한 수단이다. 그들은 성인식을 맞이하여 자신과 가족, 친척들의 머리카락으로 가발을 만든다. 크고 화려한 자신만의 가발을 갖게 되면 비로소 제대로 된 성인 남성으로 인정받는다.

▶ 키가 크다

세계의 수많은 지역에서 큰 키를 미남의 중요한 요소라고 생각한다. 수렵과 채집을 하면서 살아가던 시대에 키가 큰 남자는 사냥감을 포획하기 쉬워서 생존에 유리했다. 그렇기 때문에 키가 큰 남성은 여성에게 매력적으로 다가왔다. 이런 경향이 현대에도 고스란히 남아 있다.

시대를 초월한 미남의 요소

바닷가에 놀러 왔어.

▶ 구릿빛 피부

적당하게 그을린 구릿빛깔의 피부. 북유럽 사람들은 이런 피부를 미남의 조건이라고 생각한다. 북유럽은 태양이 떠 있는 시간이 짧아서 일광욕을 즐길 시간이 많지 않다. 햇빛에 피부가 탄 사람은 남유럽으로 여름휴가를 떠날 만큼 경제적인 여유가 있다는 이미지가 정착됐다. 그런 이유로 구릿빛 피부를 좋아한다.

지켜 주고 싶소.

▶ 동안

동아시아 국가에서 볼 수 있는 경향이지만, 그중에서도 특히 한국과 일본은 동안(어리게 생긴 얼굴)인 여성이 인기가 많다. 좋아하는 여성을 칭찬할 때 사용하는 '귀엽다'는 표현도 원래는 어린아이한테 쓰는 말이었다. 동안이 인기가 많은 이유는 여러 가지가 있지만 오래전부터 어린아이와 여성을 지켜야 했던 남성의 본능 때문이라고 한다.

▶ 자연스러움

언제까지나 젊고 싱그러운 상태로 있고 싶다는 여성이 많다. 하지만 프랑스 여성은 자연스럽게 나이를 먹는 것을 매력으로 여긴다. 화장도 잘 하지 않으며, 자연스럽고 자신답게 살아가는 것 자체를 소중히 여긴다. 주름은 사는 동안 많이 웃었다는 증거가 되고, 점은 태양 아래에서 맘껏 놀았다는 증거이다. 멋진 시간을 보내 온 자신을 소중히 여기는 것이다.

자연스럽게 살아간다는 것

본능을 거스를 수는 없지.

▶ 커다란 가슴

섹시함이 미인의 중요한 조건이라고 여기는 일부 나라에서는 가슴이 큰 여성이 인기가 많다. 또 어떤 나라에서는 가슴이 큰 여성은 갓난아기에게 젖을 듬뿍 줄 수 있을 거라는 무의식적인 믿음 때문에 매력적으로 본다는 것이다. 커다란 가슴은 건강미의 상징처럼 보이기도 한다. 그래서 남성은 본능적으로 가슴이 큰 여성에게 매력을 느끼는 것 같다.

시대가 변하면 미인도 변한다.

▶ 작은 눈, 포동포동 얼굴

한국이나 일본에서는 작은 얼굴에 커다란 눈, 날씬한 몸의 여성이 인기가 많다. 텔레비전에서도 눈이 크게 보이도록 만드는 메이크업과 다이어트 방법을 자주 다룬다. 하지만 몇 백 년 전만 해도 이들 나라에서는 볼이 불룩하고, 눈은 가느다랗고, 입이 아담하며, 새까맣고 긴 머리의 여성을 미인으로 여겼다. 시대에 따라 미인에 대한 기준도 많이 달라진다.

오래오래 살기 위해서

▶ 기다란 목

평생에 거쳐 목을 길게 늘여서 아름다워지도록 노력하는 사람들이 있다. 미얀마의 파다웅족 여성에게는 기다란 목이 아름다움의 상징이다. 그곳 여성은 어릴 적부터 금속으로 된 고리를 목에 걸고 살아간다. 가장 이상적인 고리의 숫자는 37개이다. 호랑이에게서 목을 보호하기 위해서 고리를 차기 시작했다고 한다. 생명을 보호하기 위해 짜낸 지혜가 아름다움의 기준이 된 셈이다.

행복의 바람이 드나들도록

▶ 일자 눈썹

중동의 타지키스탄 공화국에서는 좌우 눈썹이 이어진 '일자 눈썹' 여성을 매력적이라고 생각한다. 이곳에서는 성인이 되면 눈썹을 하나로 잇고 사랑을 나누는 일을 허락하는 풍습이 있었다. 그래서 연애하고 결혼한 여성을 아름다운 여성으로 여겼고 그것이 미인의 조건이 되었다. 눈썹이 굵고 진할수록 미인으로 본다.

일자 눈썹 굵고 진한 미인의 길

▶ 벌어진 이

프랑스에서는 앞니 두 대 사이에 약간 틈새가 벌어진 이를 '행복의 치아'라고 부른다. 호주에서는 그런 치아를 풍요로움의 상징으로 여기고, 미국에서는 치아가 벌어진 여성을 섹시하다고 생각한다. 상당히 좋은 인상을 주기 때문에 매력 포인트로 여기며 자랑스러워하는 여성이 많다.

풍만한 몸은 풍요로움의 상징

▶ 살집이 있는 몸

아프리카 북서부 모리타니아에서는 살이 찐 여성을 아름답다고 여긴다. 농작물이 자라기 힘든 사막의 나라에서 풍만한 몸은 풍요로움의 증거이다. 이곳에선 여성이 결혼할 연령이 되면 가장 먼저 먹는 일에 집중한다. 모리타니아에서는 살을 찌우기 위해 밥을 많이 먹는 습관이 있다. 현재는 건강을 생각해서 그런 습관을 조금씩 고쳐 가고 있지만 지금도 많은 가정에서는 딸을 살찌워서 시집을 보내고 싶어 한다.

변화하는 여성다움 잘록

▶ 잘록한 허리

잘록하고 가느다란 허리는 여성의 특징이다. 허리의 곡선이 살아 있는 체형을 좋아하는 남성도 많다. 남성이 본능적으로 여성의 잘록한 허리를 보는 이유 중 하나는 임신(결혼)했는지를 판단하기 위해서라고 한다. 한편 베트남의 타이족 여성은 가느다란 허리와 몸의 굴곡을 강조하기 위해 화려한 색상의 허리띠를 매고 다닌다.

▶ 기다란 혓바닥

에디오피아의 무르시족 여성을 보면 깜짝 놀랄 수도 있다. 모두 아랫입술에 틈을 만들어 접시를 끼워 놓았기 때문이다. 이것은 원래 *노예 무역이 번성했던 시대에 외모를 추하게 만들어 잘 팔리지 않기 위한 고안한 방법이었다. 지금은 입술의 접시가 커다란 여성일수록 매력적이라고 생각한다. 살아남고자 하는 강한 의지가 아름다움으로 변한 것이다.

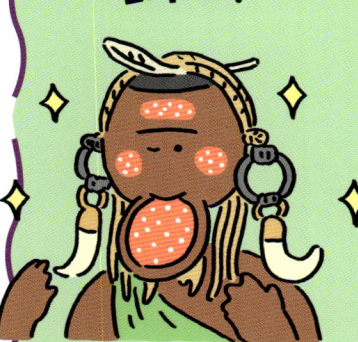
추함이 아름다움으로 바뀌다.

생각의 차이

성

세상에는 남자, 여자라는 성별 이외에도 다양한 성이 존재한다. 육체만이 기준은 아니고 마음이나 좋아하는 상대의 성을 기준으로 성별을 따지기도 한다. 나아가 애초에 남녀 어느 한쪽으로만 성을 규정할 수 없다는 견해도 있다. 요즘 들어 더욱 다양해진 성에 대한 생각을 알아보자.

▶ 섹스 (생물학적 성)

생물학적인 인간의 성은 수컷과 암컷, 다시 말해 남성과 여성이다. 개와 고양이 같은 동물의 성도 마찬가지이다. 이것은 '섹스'라고 하는 생물학적 성의 입장으로, 태어나면서부터 정해진 것으로 본다. 이런 입장의 근거는 몸 형태의 차이다. 털과 근육량 같은 외적인 차이도 포함돼 있다.

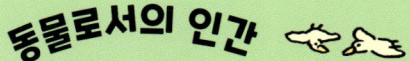

동물로서의 인간

형태가 없는 성의 형태

▶ 성 정체성 (마음의 성)

인간에게는 마음이 있다. 그래서 겉모습만으로 그 사람을 완전히 판단할 수 없다. 성도 마찬가지이다. 마음속에서 자신을 남성 혹은 여성 둘 중 어느 쪽으로 인식하고 있는가에 따라 성을 구분하는 성 정체성이라는 개념이 존재한다. 몸은 남성일지라도 마음속에서 자신은 여성이라고 느끼는 *트랜스 젠더도 있다.

사회가 정해 준 성 역할

▶ 젠더 (사회적 성)

"사내아이니까 울면 안 돼.", "여자답게 얌전해야지." 어릴 적에 이런 말을 들은 적은 없는가? 남자는 씩씩하고 여자는 얌전해야 한다고 사회적으로 정해 놓은 성을 '젠더'라고 한다. 이것은 모두가 함께 살아가는 사회와 문화에 따라서 성이 결정된다는 생각에서 나왔다. 하지만 남자다움이나 여자다움의 기준은 모두 다르다.

어느 쪽일 것 같아?

▶ 젠더 표현 (표현하는 성)

치마를 두르고 머리가 긴 사람의 성별은 무엇일까? 복장, 직업, 말투 등 겉모습으로 표현하는 성을 '젠더 표현'이라고 한다. 어떤 식으로 표현하고 드러내고 싶은지는 사람에 따라 다르다. 마음속으로 자신은 남성이라고 생각하지만 치마를 두르고 화장하는 사람이 있는가 하면, 몸이 여성인데 남성용 제복을 입은 사람도 있다. 사람들의 취향이 다양한 것처럼 표현 방식도 다양하다.

좋아하는 사람은 누구입니까?

▶ **LGB**

몸과 마음, 나아가 좋아하는 상대(성적 기호), 이 세 가지의 기준을 종합해서 성을 생각하기도 한다. LGB란 그중에서 레즈비언(여성 *동성애자), 게이(남성 동성애자), 바이섹슈얼(*양성애자)의 영어 단어 앞 글자를 딴 성적 소수자의 통칭 중 하나이다. 때로는 *트랜스 젠더까지 포함시켜서 LGBT라고 부르는 경우도 있다.

사실은 너무나 애매해.

▶ **Q**

나는 누구인가? 나는 어떤 사람을 좋아하는가? 나는 자신에 대해 얼마나 알고 있을까? 성의 문제에서 자신의 성이 무엇인지 알 수 없고, 결정할 수도 없어서 여전히 탐색 중인 사람들을 Q라고 부른다. 성은 보는 각도에 따라서 달라지는 애매한 것이다. 그래서 자신의 성을 모른다는 것도 있을 수 있는 일이다.

▶ **X 젠더**

남성과 여성 둘 중 어디에도 속하지 않아서 자신의 성별은 없다고 대답하는 사람을 'X 젠더'라고 한다. X젠더 중에서 날짜에 따라 성을 바꾸는 사람도 있다. 성이 고정되지 않고 흔들리고 있다는 것으로, 성 정체성(마음의 성)의 일종이다. 성에 대한 물음의 답은 남자와 여자만 있는 건 아니다.

답은 두 가지만 있는 게 아니야.

신의 계시를 받았어.

결국 쟁취한 깃발

▶ **퀴어**

게이나 X젠더 등 성에 관해서 소수의 입장에 있는 사람들이 있다. 그들은 스스로를 가리켜 '퀴어'라고 부른다. 사실 이 단어는 '이상하다', 혹은 '괴짜 같다'는 부정적인 의미로 사용된다. 하지만 성 소수자들은 그것을 반대로 받아들여 '전혀 이상할 것이 없다'는 긍정적인 의미로 사용하기 시작했다. 그리고 지금은 성 소수자의 상징과 같은 단어가 됐다.

▶ **베르다슈**

미국의 선주민 중에 '베르다슈'라고 불리는 사람들이 있다. 이들은 신의 계시를 받은 남성으로, 여장을 하고 여성이 하는 일을 하면서 살아간다. 사람들은 베르다슈가 독자적인 성을 가졌기에 조상의 영혼과 대화할 수 있다고 여겼고, 그들의 의견은 존중받았다. 옛날부터 세상에는 베르다슈 외에도 다양한 형태의 성이 존재했다.

생각의 차이

행복

불행해지고 싶다는 생각을 하는 사람은 아무도 없을 것이다. 인간은 모두 행복하게 살기를 꿈꾼다. 그렇기 때문에 자신의 행복이 무엇인지 아는 것은 인생을 풍요롭게 살기 위해서 너무나도 소중한 일이다. 여기서는 다양한 행복의 형태를 알아보고, 자신의 행복을 찾을 수 있는 길잡이로 삼아 보자.

▶ 돈

돈이 있으면 좋아하는 물건을 살 수 있고, 여기저기 놀러갈 수 있고, 병이 나거나 다쳤을 때 치료도 받을 수 있다. 반대로 돈이 없으면 원하는 물건을 살 수 없고 제대로 생계를 꾸려 나갈 수도 없다. 행복의 지표는 사람에 따라 다르지만 돈이 없으면 불행해질 가능성은 높아진다. 돈이 행복을 얻는 하나의 수단이 될 수 있으니 소중히 여기자.

돈으로 살 수 있는 행복

행복의 기본 재료 세 가지

▶ 의식주

아주 먼 옛날, 사냥을 하거나 식물을 채집하고 살았던 먹었던 시절에 인간은 목숨을 유지하는 것조차 벅찼다. 혹독한 환경 속에서 추위를 견디게 해 주는 옷, 배를 채워 주는 음식, 편하게 쉴 수 있는 집을 뜻하는 '의식주'를 충족시키는 것이 무엇보다 중요했다. 의식주는 인간의 삶에 가장 기본적 요소이다. 이 세 개의 욕구를 채우는 것은 행복의 첫걸음이기도 하다.

믿는 사람은 구원을 받는다.

▶ 종교

자신이 믿어야 할 것을 진심을 다해 믿는다. 이것 역시 행복의 한 형태이다. 이슬람 사회에서 말하는 행복은 종교에서 정해 준 규칙을 지키면서 생활하는 것을 말한다. 종교의 가르침을 따라 생활하는 그 자체가 행복이자 신의 축복을 받는 유일한 방법이다. 이슬람교도는 하루도 기도를 빼먹지 않으며, 종교적인 삶을 통해 행복을 느낀다.

건강하지 않으면 아무 소용없다니!

▶ 건강

건강이 뒷받침되지 않으면 공부도, 일상생활도, 신나게 노는 것도 모두 불가능하다. 건강한 몸이 얼마나 고마운 것인지 평소에는 잊기 쉽다. 하지만 병에 걸리거나 다치면 비로소 건강의 소중함을 깨닫는다. '건강이 제일'이라는 말도 있는데, 돈이나 명예가 있어도 건강보다 중요하지 않다는 의미이다.

인간답게 사는 것

▶ 정신적인 쾌락

"배부른 돼지가 되기보다는 배고픈 인간이 되어라." 이런 강렬한 명언을 남긴 사람은 영국의 철학자 밀이다. 그는 음식, 물건 같은 물질적인 쾌락(기쁨)은 인간이 아니어도 느낄 수 있지만 지식이나 인간관계 같은 정신적인 쾌락은 이성과 감성을 모두 가진 인간만이 느끼는 감정이라고 생각했다. 인간다운 행복을 느껴 보자.

▶ 자아실현

장래의 꿈이나 희망을 자신의 힘으로 달성(자아실현)하는 것이 가장 큰 행복이라고 생각한 사람도 있다. 미국의 심리학자 매슬로는 누군가에게 인정을 받는 것보다 스스로 인정하는 사람이 되는 것이야말로 가장 높은 수준의 욕구라고 생각했다. 꿈을 이루는 것은 어렵지만 그만큼 커다란 행복을 가져다준다.

행복의 절정!

웃으면 복이 와요.

▶ 마음의 평정

웃는 사람은 언제나 행복해 보인다. 프랑스 철학자 알랭은 마음의 평정을 얻는 것이야말로 행복이라고 생각했다. 감정과 기분에 휩쓸려 살면 조금만 힘든 일이 생겨도 금방 불행하다고 생각한다. 그러니 늘 미소를 잊지 않도록 의식하고 기분 좋게 살아가는 것이 중요하다. 언제나 긍정적인 태도라면 당신은 이미 행복한 사람이다.

똑바로 올바르게 열심

▶ 도덕적 행위

독일의 철학자 칸트는 행복이란 '도덕적인 행위(올바른 일)를 통해 얻을 수 있는 결과'라고 생각했다. 가장 중요한 것은 스스로가 옳다고 생각한 일을 꾸준히 유지하는 것이다. 그렇게만 된다면 행복해질 수밖에 없다는 것이 칸트의 생각이다. 자신이 믿는 길을 꾸준히 걸어간다면 행복은 바로 당신 뒤에서 쫓아올 것이다.

▶ 사람과의 유대 관계

나라 구조가 튼튼하거나 경제가 풍요롭다고 해서 국민이 반드시 행복한 건 아니다. '국민 행복도' 조사에서 늘 높은 순위를 차지하는 피지 사람들의 행복 비결은 다른 사람들과의 관계이다. 그들은 서로에게 의지하고 또 위로를 받으면서 진심으로 '나는 남에게 도움을 줄 수 있는 멋진 사람'이라고 생각한다. 이것은 돈으로는 살 수 없는 행복이다.

서로 의지하고 사는 게 행복이지.

생각의 차이

평화

어느 시대에나 사람들은 평화로운 세상을 추구했다. 수많은 사람들이 평화를 연구하고 평화를 얻기 위해 행동해 온 결과 지금의 세계가 존재하는 것이다. 과연 지금의 세상은 평화롭다고 할 수 있을까? 모두가 생각하는 평화의 형태를 배우고 앞으로 세계가 나아가야 할 방향을 생각해 보자.

빛깔이 섞이면 평화의 색이 된다.

▶ 서로를 인정하는 것

평화 활동을 소개하는 장면에서 자주 볼 수 있는 '무지개 깃발'의 의미는 다양성 아래의 통일이라고 한다. 이 세상에는 다양한 사람이 있지만 서로 인정하고 손을 맞잡으면 평화를 이룰 수 있다는 의미이다. 깃발에 사용된 선명한 무지개 색상은 다양한 사람을 표현하는데, 무지개 빛깔이 모두 섞이면 흰색(평화의 이미지 색)이 된다는 뜻이 담겨 있다.

평화의 반대말

▶ 전쟁이 없는 세상

지금도 이 세상 어딘가에서 벌어지는 전쟁이나 분쟁은 수많은 목숨을 앗아 가고 슬픔을 안겨 준다. 소중한 사람을 잃는 경험은 누구도 하고 싶지 않을 것이다. 세상에서 전쟁을 없애는 것은 평화의 기준 중 하나이다. 일본은 전쟁의 경험으로 앞으로 전쟁을 포기한다는 헌법을 만들었고 *평화 교육을 실시해 전쟁의 무서움을 잊지 않도록 하고 있다.

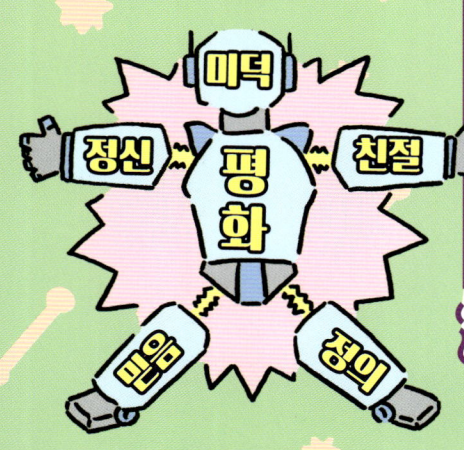

전부 갖추면 완성

▶ 미덕, 정신의 안정, 친절한 마음, 믿음, 정의

평화를 한마디로 표현하기란 상당히 어려운 일이다. 네덜란드 철학자 스피노자가 생각하는 평화는 미덕, 정신의 안정, 친절한 마음, 믿음, 정의 다섯 가지이다. 어쩐지 거창해 보이지만 공통점은 우리 마음속에서 생겨나는 것이다. 이것이 다 갖춰져야 평화가 완성된다고 하는데 우리가 사는 세상에는 무엇이 부족한지 생각해 보자.

때려야 / 뗄 수 없지.

평화와 자유

▶ 자유

인간에게는 *인종 차별을 둘러싼 수많은 역사가 있었다. 흑인 인권 운동가 말콤 엑스는 흑인의 인권(인간으로서 갖는 권리) 존중을 위해서 싸웠다. 인권을 보장받지 못하면 우리는 지금처럼 자유롭게 살 수 없다. 멕시코 같은 *도상국에서는 지금도 인권 존중을 위한 평화 운동이 벌어지고 있다. 평화와 자유는 때려야 뗄 수 없는 관계이다.

▶ 행복한 생활

우리는 만나면 '안녕!' 이라고 인사하지만 *구약 성경의 언어인 히브리어로 인사할 땐 '샬롬(평화)!' 이라고 말한다. 샬롬이란 원래 마음의 건강과 인간관계의 조화를 의미한다. 전쟁이 없을 뿐만 아니라 평안하고 행복한 생활을 해야 평화라고 생각한다. 샬롬은 평화를 기원하는 인사로도 사용되는 멋진 말이다.

▶ 비폭력

평화의 상징이라고 하면 인도 독립의 아버지 간디가 떠오른다. 그의 신념은 비폭력, 즉 폭력에 의지하지 않는 것이다. 간디가 비폭력을 고집하는 이유는 인도뿐만 아니라 인류의 평화를 위해서이다. 폭력으로 얻어진 것은 폭력으로 다시 잃는다고 생각한 간디는 비폭력이야말로 진정한 평화라는 것을 세계에 알려 주고자 했다.

진정한 평화를 원해

▶ 인간이 주고받는 선물

평화는 신이 인간에게 준 것이 아니라 사람들끼리 서로 주고받는 선물이라는 사실을 잊지 말자. 그런 메시지를 남긴 사람은 작가 엘리위젤이다. 작가가 직접 경험한 폭력과 차별을 통해 얻은 교훈이다. 그는 평화란 소망하는데 그쳐서는 안 되고, 인간이 서로 직접 도와야만 얻을 수 있는 것이라고 생각했다.

당신의 생각은 어떠한가?

▶ 존재하지 않는다

중국 문학가이자 *사상가인 루쉰은 "평화라는 것은 존재하지 않는다. 평화라고 부를 수 있는 것은 전쟁이 끝난 직후, 혹은 전쟁이 아직 시작되지 않은 때를 말할 뿐이다."라는 말을 남겼다. 지금도 세상 어딘가에서 전쟁과 분쟁이 벌어지고 있다. 만약 전쟁과 분쟁이 모두 사라지고 그 상태가 쭉 이어진다면 진정한 평화가 찾아올지도 모른다.

▶ 풍요로운 자연

자연과 더불어 살아가는 국가 코스타리카 사람들에게 '평화'라는 단어의 이미지는 바다와 산 같은 풍요로운 자연 속에서 서로 사이 좋게 살아가는 모습이다. 사실 이런 생각은 '평화와 긍정을 직접 연결시켜서 앞으로 나아갈 의욕을 만든다.'는 코스타리카의 국가 교육 방침에 따른 것이다.

풍요로운 자연 속에서 긍정적으로 살자.

생각의 차이

인간

인간이란 무엇인가? 어떻게 사는 것이 올바른가? 자신과 직접 관련된 질문이지만 쉽게 대답하기는 힘들다. 여기서는 인간이란 어떤 존재인지 배우고 자신을 비롯한 인간을 평소와는 다른 시선으로 바라보고 생각해 보자. 아마 앞으로 삶의 방식이 조금은 바뀔 수도 있을 것이다.

먹이사슬의 꼭대기

▶ 만물의 영장

인간은 '만물의 영장'이라고 불린다는 사실을 알고 있는가? 이것은 중국 사상가 공자가 했던 "인간이 뛰어난 정신(영혼)을 가졌기에 이 세상 모든 생명보다 진화했다."라는 말과 비슷하다. 인간은 뛰어난 존재이지만 다양한 생명체의 도움이 없으면 살아가기가 힘들다. 그러니 인간은 능력을 발휘해서 우리를 지탱하는 생명체를 지켜 줘야 한다.

▶ 고뇌하는 생물

고뇌하는 동물은 사실 인간뿐이다. 심리학자 에밀 프랑클은 인간을 나타내는 단어인 호모 사피엔스를 빗대어 '호모 파티엔스(고뇌하는 인간)'라는 단어를 만들었다. 인간이 자신의 고민을 극복한다면 그 경험과 지식으로 자신과 똑같은 고민을 하는 인간을 도울 수 있다. 고민한다는 건 인간에게 상당히 중요한 일이다.

이것도 저것도 모두 인간을 증명해 주지.

▶ 도구의 인간

몸을 지키기 위해 무기를 만들었고, 하늘을 날고 싶어서 비행기를 만들었다. 인간은 도구를 만들어서 사회와 경제를 발전시켜 왔다. 인간의 이런 특징을 인간 특유의 것이라고 생각했던 프랑스 철학자 베르그송은 인간을 '호모 파베르(도구의 인간)'라고 불렀다. 우리 주변에 넘쳐나는 모든 물건은 인간이 인간으로서 살아왔다는 증거이다.

▶ 정치적인 동물

인간은 학교와 사회와 국가를 만들어 서로 도우며 살아간다. 인간은 모두 평화롭고 재미있게 살기 위해, 다시 말해 선한 것을 추구하기 때문이다. 고대 그리스 철학자 아리스토텔레스는 인간을 '정치적인 동물'이라고 했다. 반대로 그렇게 될 수 없는 존재를 짐승으로, 또 그럴 필요가 없는 존재를 신이라고 했다. 당신은 과연 인간답게 살고 있는가?

인간이니까 참을 수 있어.

▶ 이성의 동물

배가 고프면 밥을 먹는다. 이것은 다른 동물도 할 수 있는 행동이다. 하지만 배고파도 급식 시간까지 참아 보자며 본능과 감정에 휩쓸리지 않으려는 행동은 이성을 가진 인간만 가능하다. 그런 점에서 스웨덴 생물학자 린네는 인간을 '호모 사피엔스(현명한 사람)'라고 불렀고 그것이 인간의 학명이 됐다.

아름다운 세계를 지키는 존재

너에게 맡기겠어.

▶ 신과 비슷한 모습

지구상에서 신을 믿는 존재는 인간뿐이다. 인간이란 무엇일까? 기독교에서는 인간이란 신의 모습을 흉내 내서 만든 생물이라고 여긴다. 그렇기 때문에 신에게 사랑받는 특별한 존재이자, 신이 만든 이 아름다운 세상을 지켜야 하는 책임을 부여받은 존재라고 생각한다.

▶ 직립 보행

*생물학에서는 직립 보행(똑바로 서 두 다리로 걷는 것)을 하는 생물을 인간이라고 생각 한다. 왜 인간은 두 다리로 걷게 됐을까? 그 가설 중 하나가 선물을 주기 위해서이다. 수컷이 암컷에게 음식물 같은 선물을 전해 줄 때 직립 보행의 자세가 물건을 들고 옮기기가 가장 편했기 때문이다. 누군가를 위한 행동이 인간의 진화로 이어진 것이다.

당신에게 이 마음을 전하고 싶어.

우리는 쓰러져도 또다시 일어선다!

▶ 노는 동물

네덜란드 역사학자 호이징가는 일과 공부와 운동 같은 모든 문화가 놀이의 정신에서 태어났다고 생각했다. 그는 놀이가 만들어 내는 재미, 그게 바로 인간의 문화를 발전시켰다고 생각했다. 그런 의미에서 인간을 '호모 루덴스(노는 인간)'라고 불렀다. 어떤 일이든 맘껏 즐길 수 있는 인간이 제일 인간다울지도 모른다.

공부 일 운동

열심히 즐긴 결과물

▶ 생각하는 갈대

인간은 물고기처럼 자유롭게 헤엄치지 못하고, 사자처럼 날카로운 이빨도 없다. 인간의 몸은 자연 속에서 살아가기엔 너무나 연약하지만 생각할 능력이 있다. 프랑스 철학자 파스칼은 인간을 바람에 이리저리 흔들리는 식물에 비유해서 '생각하는 갈대'라고 불렀다. 고난을 만나더라도 생각을 통해 극복하고 다시 우뚝 서는 인간이라고 생각했다.

93

그 밖의 생각의 차이

모두 생각이 달라.

● 매미

맴맴맴맴 여름 한철에 강력하게 울어 대며 존재감을 드러내다 마지막엔 나무에서 툭 떨어져 죽는 매미. 매미는 유충 상태로 흙속에서 오랜 시간을 머문다. 일본에서는 매미를 허무함의 상징으로 보지만 중국은 정반대이다. 중국에선 아주 먼 옛날부터 생명력이 강한 벌레로 여겼다.

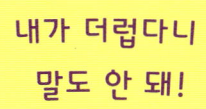

내가 더럽다니 말도 안 돼!

● 돼지

돼지는 전 세계에서 불결하고 지저분한 동물 취급을 받는다. 하지만 저금통은 뭐니 뭐니 해도 돼지 저금통! 이런 이미지 또한 전 세계에 퍼져 있다. 새끼를 많이 낳아서 가축으로서도 훌륭한 돼지는 부를 낳는 행운의 동물로 인기가 많다. 사실 돼지는 화장실과 자는 곳을 구분할 정도로 상당히 깔끔한 동물이다.

● 밤의 휘파람

기분이 좋아지면 나도 모르게 나오는 휘파람. 하지만 밤에 휘파람을 불면 안 된다. 한국에는 휘파람을 불면 귀신이 나온다는 속설도 있고, 도둑이 든다는 얘기도 있다. 일본에서는 휘파람 소리를 듣고 흥분한 뱀이 집 안으로 기어 들어온다고 한다. 사실 이런 이야기는 이웃에게 피해를 주지 않도록 아이들에게 주위를 주려는 의도에서 나온 미신이다. 어쨌든 휘파람은 밤에 불지 않는 편이 좋겠다.

어떤 이유에서든 휘파람은 금지야.

● 재채기

에취! 재채기를 했다면 누군가가 당신의 이야기를 하는 것일지도 모른다. 영국에서는 재채기를 하는 요일에 따라 그 의미가 달라진다. 예를 들어 화요일에 재채기를 하면 모르는 사람과 키스하고, 목요일에는 뭔가 좋은 일이 생긴다. 재채기를 운명을 좌우하는 징조로 생각한다.

화요일은 뽀뽀하는 날

녹색

녹색은 자연과 안정을 의미하는 온화한 색이다. 하지만 그렇게 생각하는 것은 당신뿐일지도 모른다. 서양에서 녹색은 악마 같은 괴물을 나타내는 색이다. 그 이유는 악마의 상징으로 여기는 뱀이 녹색이기 때문이다. 영화를 잘 보면 등장하는 괴물, 악마, 우주인의 몸이나 피가 녹색일 때가 많다.

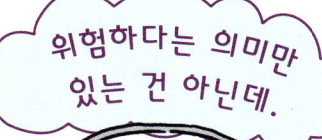

노란색

위험에 주의하라는 의미로 사용되는 노란색. 노란색에는 밝고 긍정적인 이미지도 있다. 하지만 중국에서 노란색은 옛날부터 값비싼 색이라는 이미지가 있어서 신분이 높은 황제가 몸에 두르는 옷에 사용하는 색이었다. 하지만 서양에서는 예수를 배신한 유다가 노란색 옷을 입었다는 이유로 위기나 불쾌함을 상징한다.

흰색과 검은색

시합을 할 때 승리와 패배를 색에 비유하기도 한다. 동양의 일부 나라에서는 운동 경기를 할 때 흰색은 승리, 검은색은 패배를 의미한다. 그런데 서양에서 흰색은 항복이나 패배를 의미하니 완전히 반대이다. 또 검은색은 죽음 같은 부정적인 이미지가 있다. 하지만 검은색은 전 세계적으로 고급스러움과 우아함을 의미하기도 한다.

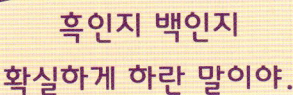

무지개

비가 그친 후 하늘에 걸린 아름다운 무지개를 보면 기분이 좋아진다. 우리는 무지개를 행운의 상징으로 여기지만 안다만 제도에 사는 사람들에게는 상당히 불길한 존재이다. 그들은 무지개는 죽은 사람의 세계와 우리가 사는 세계의 경계선에 걸쳐 있는 지팡이라서 무지개가 떠오르면 죽은 사람이 무지개를 타고 이 세상으로 건너온다고 믿는다.

꺼리는 숫자

꺼리는 숫자란 불길한 숫자를 말한다. 일본에서 9는 고통을 연상시키기 때문에 피하는 반면 중국에서 9는 영원을 의미하는 행운의 숫자다. 기독교인이 가장 싫어하는 숫자는 13인데, 이것은 예수의 마지막 만찬에 온 사람의 숫자에서 유래했다. 이런 식으로 숫자와 운을 연결하는 생각은 전 세계에 존재한다.

친한 사이에도 예의는 필요해……

한국인 / 중국인

● 친구

혹시 친한 사이일수록 예의를 지켜야 한다는 말을 들은 적이 있는가? 그런데 중국인들은 친구에게 속마음을 거침없이 다 드러내고, 물건을 빌려주거나 받는 일에도 거리낌이 없다. 그들에게는 상대방에게 예의를 차리지 않는 것이 바로 신뢰한다는 증거이다.

● 어른

번데기는 나비가 되면 어른이 된 것이다. 그럼 인간은 어떻게 어른과 아이를 구분할 것인가? 아마도 사회에서 스스로 살아갈 수 있는 능력을 갖추고 있느냐로 구분할 것이다. 많은 나라에서 그 능력의 판단 기준을 나이로 본다. 일정한 나이로 어른과 아이를 구별한다. 그런데 어떤 지역에서는 조상 대대로 이어진 성인식을 통과했는가로 성인과 아이를 구분한다.

어른의 기준은 다양해.

많이 놀면서 자라려무나.

● 어린이의 역할

어린이는 여러 가지 다양한 것을 배우며 어른이 된다. 학교에서 공부하는 것뿐만 아니라 노는 것도 어린이가 할 일이라고 생각하는 사람이 있는가 하면 아직도 일부 지역에서는 학교는 의미가 없고 특히 여자아이는 교육받을 필요가 없다고 생각한다. 일을 해서 가족의 생계에 도움을 주는 것이 어린이가 해야 할 역할이라고 보는 것이다.

정해진 건 없어.

● 가족

가족이라고 하면 우선 아빠, 엄마, 아이가 있는 모습을 떠올리는 사람이 많을 것이다. 하지만 이 세상에는 엄마와 아이만 있는 모자가정, 아이 없이 부부만 있는 가정, 아빠는 하나인데 엄마가 여러 명인 일부다처, 아빠와 아빠가 결혼한 가정 등 다양한 형태의 가족이 있다. 정해진 형태는 없다.

● 능력 있는 사람

능력이 있다는 것은 훌륭하고 뛰어나다는 의미이다. 이 개념은 사회 분위기에 따라 바뀐다. 일을 해 본 경험이 없는 신입사원을 채용해서 길러 내는 사회에서는 좋은 학벌로 능력을 판단한다. 한편 일에 맞춰서 사람을 채용하는 나라는 그 반대이다. 한 가지 일에 뛰어난 전문가를 능력이 있다고 생각한다.

어느 쪽이 더 뛰어나지?

● 정의

정의라고 하면 악과 싸우는 영웅을 떠올리는 사람이 많을 것이다. 하지만 옳은 것과 나쁜 것은 입장과 견해에 따라 달라지는 불확실한 것이다. 유럽에서는 평등이야말로 정의라고 생각했다. 정의의 상징으로서 유명한 것은 균형을 맞춘 천칭을 든 여신이다. 한국에도 대법원에 정의의 여신상이 놓여 있다.

● 시간

친구를 기다릴 때나 지하철을 탈 때 우리는 시계를 보고 시간을 확인한다. 우리가 당연한 것처럼 인식하는 시간은 시계라는 존재 때문에 눈에 보이지만, 사실 시간은 눈에 보이지 않는 것이다. 시계가 없던 시대에는 해가 뜨면 아침이고, 해가 지면 밤이라고 생각했다. 시간의 감각은 시간을 파악하는 방법과 생각에 따라 달라진다.

● 돈

원래 돈이란 것은 배고픔을 채울 수도 없고 비를 피해 주지도 못한다. 돈은 그저 단순한 종이와 금속이다. 하지만 사람들이 이런 종이와 금속으로 물건을 살 수 있다고 믿기 때문에 돈에 가치가 생겨난 것이다. 외계인이 우리가 한 번도 본 적이 없는 돈을 들고 오더라도 물건을 살 수는 없다. 동전이나 지폐가 아니라 가축이나 채소로 물건을 살 수 있는 지역도 있다.

● 마음의 장소

좋아하는 사람을 상상하면 마음이 설렌다. 마음이 분명히 가슴에 존재한다고 생각한 사람은 철학자 아리스토텔레스이다. 하지만 실제로 마음은 눈에 보이지 않는다. 마음이라는 물체가 있는 것도 아니다. 그렇기 때문에 근대 과학에서는 뇌 혹은 뇌라는 물질의 산물을 마음의 정체라고 생각한다. 당신의 마음은 어디에 있는가?

● 100년 후의 세상

100년 후의 다양한 세계를 한번 떠올려 보자. 의료 분야에서는 젊음을 유지한 채 현재보다 수명이 열 배는 늘어날 수 있고, 과학 분야에서는 로봇과 인간이 사랑을 나눌 수도 있다. 그런 다양한 생각들이 현실로 서서히 모습을 드러낼 거라고 생각하니 가슴이 두근거린다.

인간 박물관 여행은 이걸로 끝을 맺었네.
여기서 소개한 것은 아주 사소한 부분일 뿐이야. 이 세상에는 다양한 겉모습과
생활과 생각을 가진 인간이 있어.
이런 사람들의 차이점을 공부하고 어떤 느낌을 받았어?

재미있다고 느낀 사람도 있을 것이고, 무섭다고 느낀 사람도 있을 것이고,
이상하다고 느끼는 사람도 있을 거야. 또 이런저런 복잡함을 느낀 사람도 있을 거고.
물론 그 느낌이 틀린 건 아니야.
왜냐하면 인간은 모두가 다른 존재이고, 그게 당연하기 때문이지.

그런데 느낌 하나에도 이렇게 차이가 나는 인간이 함께 이야기하고
서로 웃으면서 더불어 살 수 있는 이유는 무엇이라고 생각해?
내 생각엔 인간 저마다 다르기 때문이라고 생각해.
그래서 싸우기도 하지만 그렇기 때문에 서로가 서로를 알고 싶어 하지.
또 그런 서로가 한마음이 됐을 때 엄청난 기쁨을 맛볼 수 있어.

네 앞에는 수많은 만남이 기다리고 있어.
어쩌면 다른 사람과 자신의 차이 때문에 고민할지도 몰라. 그럴 때는
'서로 다른 건 당연한 거야. 하지만 사람이기 때문에 타인을 이해할 수 있지.'라며
넘겨 보자. 그러면 분명히 네가 알지 못했던 새로운 세계가 펼쳐질 거야.

그럼 이제 우리는 다음 모험을 준비해 볼까?
만나서 즐거웠어. 그럼 또 만나자.

참고 문헌과 웹 사이트

- 고마쓰 요시오, 《지구촌 사람들 지구촌 이야기》, 2007 (한림출판사)
- 다케우치 가오루, 《무섭지만 재밌어서 밤새 읽는 과학 이야기》, 2014 (더숲)
- 도요자키 요코 / 스튜어트 버남 앳킨, 《일본 의식주 사전》 2015 (한올)
- 모토무라 료지, 《처음 읽는 로마사: 7개의 주제로 읽는 로마사 1200년》, 2015 (교유서가)
- 버나드 엡슬린, 《그리스 로마 신화의 영웅들》, 2011 (보물창고)
- 블레즈 파스칼, 《파스칼의 팡세》, 2018 (샘솟는기쁨)
- 스피노자, 《국가론》, 2001 (서문당)
- 유순하, 《당신들의 일본: 한 몽상가의 체험적 한일 비교 문화론》, 2014 (문이당)
- 이시카와 마사토, 《감정은 어떻게 진화했나》, 2016 (라르고)
- 재레드 다이아몬드, 《섹스의 진화》, 2005 (사이언스북스)
- 제임스. H. 콘, 《맬컴X VS. 마틴 루터 킹》, 2005 (갑인공방)
- 테리 모리슨 / 웨인 코너웨이 / 조지 A. 보든, 《세계 60개국 비즈니스 사전》, 2001 (가람기획)
- 후쿠자와 유키치, 《학문을 권함》, 2011 (기파랑)
- 《크라운 독화사전》 1997 (삼성당)
- 《브리태니커 국제대백과사전 소항목사전》 2014 (브리태니커 백과사전)
- 《私の花生活No.79》 2015 (日本ヴォーグ社)
- 《世界大百科事典 25巻》 2007 (平凡社)
- 《世界大百科事典 27巻》 2007 (平凡社)
- 《世界大百科事典》 2007 (平凡社)
- 《世界大百科事典8巻》 2007 (平凡社)
- 21世紀研究会: 編《色彩の世界地図》 2003 (文藝春秋)
- Desmond Morris 《Bodytalk: A World Guide to Gestures》 2015 (Random House)
- 아트・드・프리스《イメージ・シンボル事典》 1984 (大修館書店)
- ジャン=ポール・クレベール《動物シンボル事典》 1989 (大修館書店)
- デズモンド・モリス《ボディートーク 世界の身ぶり辞典》 1999 (三省堂)
- トンデモ中国調査隊《トンデモ大国 中国の素顔》 2008 (彩図社)
- パトリック・ハーラン《世界と渡り合うためのひとり外交術》 2017 (PHP研究所)
- ピアーズ・ギボン《世界の少数民族文化図鑑》 2011 (柊風舎)
- ひろさちや《本日「いいかげん」日和: そのまんま楽しく生きる一日一話》 2013 (PHP研究所)
- ブルーガイド編集部《ブルーガイドわがまま歩き タイ》 2016 (実業之日本社)
- 市川喜一《マタイによる御国の福音:「山上の説教」講解》 2003 (Kiichi Ichikawa)
- 伊藤幹治、栗田靖之《日本人の贈答》 1984 (ミネルヴァ書房)
- 稲葉茂勝《世界のあいさつことば学》 2016 (今人舎)
- 榎木薗鉄也《インド英語のツボ ―必ず聞き取れる5つのコツ―》 2016 (アルク)
- 大杉豊《国際手話のハンドブック》 2002 (三省堂)
- 織田一朗《時計の科学》 2017 (講談社)
- 尾本恵一《分子人類学と日本人の起源》 1996 (裳華房)
- 加藤邦宏《アラン《幸福論》の読み方》 1994 (プレジデント社)
- 河野万里子《色づかいで人を見抜く カラー読心術―――気になるアノ人のことがスグわかる!》 2013 (キニナルブックス)
- 危機回避マニュアル研究会《テストに出ない危機回避マニュアル》 2011 (TOブックス)
- 金指基: 著、日本相撲協会: 監修《相撲大辞典》 2007 (現代書館)
- 五感教育研究所《色の科学》 2012 (日刊工業新聞社)
- 小島よしゆき《蛇の宇宙誌》 1991 (東京美術)
- 言葉の違い研究会《今さら聞けない2つの違い》 2005 (彩図社)
- 早乙女愛・足立知也《平和をつくる教育「軍隊をすてた国」コスタリカの子どもたち》 2002 (岩波書店)
- 島田裕巳《宗教家になるには》 1994 (ぺりかん社)
- 人類学講座編纂委員会: 編《人類学講座 9 適応》 1988 (雄山閣出版)
- 齊藤勇《恋愛心理学》 2005 (ナツメ社)
- 須田武郎《騎士団》 2007 (新紀元社)
- 須藤健一《それ日本と逆!?文化のちがい習慣のちがい第2期 2 ペラペラことばとものの名前、第2巻、第2号》 2017 (学研プラス)
- 世界の文化研究会《本当に不思議な世界の風習》 2014 (彩図社)
- 高宮いづみ《古代エジプト文明社会の形成―諸文明の起源 〈2〉》 2006 (京都大学学術出版会)
- 瀧靖之《「好きなこと」で、脳はよみがえる》 2017 (大和書房)
- 匠英一《相手のホンネは「しぐさ」でわかる》 2017 (PHP研究所)
- 竹内郁郎、宇都宮京子《呪術意識と現代社会 東京都二十三区民調査の社会学的分析》 2010 (青弓社)
- 斗鬼正一《こっそり教える世界の非常識184》 2007 (講談社)
- 永崎裕麻《世界でいちばん幸せな国フィジーの世界でいちばん非常識な幸福論》 2016 (いろは出版)
- 豊田俊雄《第三世界の教育》 1987 (アジア経済研究所)
- 中村達也: 寄与《THE SUIT》 2014 (学研パブリッシング)
- 中野明《裸はいつから恥ずかしくなったか―日本人の羞恥心》 2010 (新潮社)
- 日本語倶楽部《赤っ恥な日本語づかい500連発》 2007 (河出書房新社)
- 博学こだわり倶楽部: 編《国民性の違いがはっきりわかる本》 2011 (河出書房新社)
- 秦野勝《面白いほどよくわかる!哲学の本》 2013 (西東社)
- 細田三喜夫《中国故事たとえ辞典》 1972 (東京堂出版)
- 堀栄三《大本営参謀の情報戦記》 1996 (文春文庫)
- 美輪和音《ゴーストフォビア》 2016 (東京創元社)
- 山田一繫《面白くてよくわかる 新版 武士道》 2018 (日本文芸社)
- 山本幸司《〈悪口〉という文化》 2006 (平凡社)
- 由井薗健《なぜ? どうして? 世界のふしぎNEWぎもんランキング》 2014 (学研教育出版)
- 若松重吾《中国人民解放軍》 1968年 (朝雲新聞社)

- http://acejapan.org/childlabour/entrance#q2
- http://ajel-jalas.jp/nenpou/back_number/nenpou019/pdf/ogura1999.pdf
- http://all-about-africa.com/mayuna-1/
- http://blog.zige.jp/ayumi803/kiji/833334.html
- http://car-me.jp/articles/7887
- http://careergarden.jp
- http://cmore.soest.hawaii.edu/summercourse/2014/documents/DeLong_1/sushi_microbiome.pdf
- http://denim.right-on.co.jp/basic/history/
- http://doctor-trust.co.jp/pdf/2017/10-kafun.pdf
- http://emigration-atlas.net/society/skin-color-indigenous.html
- http://engage-rank.com/column/2.php
- http://fencing-jpn.jp/
- http://gohan.life/articles/11
- http://group.dai-ichi-life.co.jp/dlri/ldi/report/rp0306.pdf
- http://hollywoodsnap.com/people-that-have-most-beautiful-collor-eyes-in-the-world/
- http://iroha-japan.net/iroha/B06_custom/02_ojigi.html
- http://jascg.info/wp-content/uploads/2015/03/875f4ff6c32c1012085a516f05e610a0.pdf
- http://kagakubar.com/mandala/mandala06.html
- http://kami-ma.com/archives/435
- http://kiso.hus.osaka-u.ac.jp/morikawa/morikawa_pub_download/Why_Do_People_Bet.pdf
- http://kuse.jp/01-2study.htm
- http://maedamusashi.com/archives/5180
- http://menulist.mb.softbank.jp/feature_20170423/
- http://minayosu.jp/business/life-boring/
- http://news.line.me/issue/funny/b1bdca59c274
- http://ofee.tank.jp/fold-arms/
- http://oldwww.zinbun.kyoto-u.ac.jp/conference/index.html
- http://pbdspace.kj.yamagata-u.ac.jp/~ict02/08110048/a.html
- http://psycholang.com/loneliness
- http://ritsnet.ritsumei.jp/sansha/vol12.html
- http://tmbi-joho.com
- http://tokyodesignroom.com/blogs/suprise-party/
- http://tsigeto.info/2001/writing/aoyagi2.pdf
- http://tsunezawashi.hatenablog.com/entry/2018/10/05/014919
- http://w-health.jp/puberty/think_gender/
- http://wavehair.web.fc2.com/contents/syurui.htm
- http://web-wac.co.jp/program/galileo_x/gx120708-2
- http://www.ainu-museum.or.jp/nyumon/rekishibunka/2_6issyo.html
- http://www.albatro.jp/birdyard/architecture/treehouse/index.htm
- http://www.asahi-net.or.jp/~ax2s-kmtn/ref/pname/index.html
- http://www.asahi-net.or.jp/~NG1F-iST/ghost.html
- https://www.asahi.com
- http://www.aurora-net.or.jp/doshin/silkroad/kikou/no21/index1.html
- http://www.cdij.org/shikohin/minutes/minutes22_2.html
- http://www.christian-center.jp/chapelhour/2005/tue_imade/0621.html
- http://www.daiwa-pharm.com/info/fukuda/7096/
- http://www.e-search.ne.jp/~jccme/PDF/31-5-10.pdf
- http://www.ego-ranking.com/column/00042-eng-gesture/
- http://www.eikaiwanow.com/blog/kidsplay
- http://www.hachimangu.com/cgi/kouwa/kouwa.cgi?mode=one&namber=199&t=
- http://www.halal.or.jp/halal/halal_1.html
- http://www.health-info.jp/medical/disease/tenki_kibun_ishihara.htm
- http://www.ikec.jp/mailmag/mailmag-1321/
- http://www.imajinsha.co.jp/yakudati/club/tenji_01.html
- http://www.inter-link.jp/back_no/zipang/zipang_36.html
- http://www.intweb.co.jp/teian/nazemanabunoka.htm
- http://www.jacp.org/wp-content/uploads/2016/04/1976_03_hikaku_05_satoh.pdf
- http://www.jctv.co.jp/sociallikers/1/2952/
- http://www.kohara.ac/podcasts/PDF/lecture20081219.pdf
- http://www.kyoto-u.ac.jp/static/ja/news_data/h/h1/news7/2013_1/documents/130917_1/01.pdf
- http://www.langland.co.jp/spanish/column/column03.php
- http://www.let.osaka-u.ac.jp/genshi/mori/entrance/kubo/index.htm
- http://www.ls-japan.org/modules/documents/LSJpapers/journals/142_kaji.pdf
- http://www.maff.go.jp/j/agri_school/a_tanken/zyaga/01.html
- http://www.malaika.co.jp/story/traditionalitem/
- http://www.matonavi.jp/pdf_attachment/file/99/final_ikinosouba_1201-1206.pdf
- http://www.mekong-publishing.com/books/ISBN4-8396-0265-9.htm
- http://www.minpaku.ac.jp
- http://www.monsantoglobal.com/global/jp/improving-agriculture/pages/a-brief-history-of-agriculture.aspx
- http://www.navimanila.com/フィリピン・ワールド-filipino-world-2/
- http://www.nikkei-science.com/?p=9182
- http://www.ntv.co.jp/megaten/archive/library/date/11/06/0611.
- http://www.num.nagoya-u.ac.jp/outline/staff/kadowaki/laboratory/research/origins_of_agriculture.html
- http://www.okome-adv.jp/knowledge/

- cat12/post-61.html
- http://www.osaka-kyoiku.ac.jp/-ioku/foodsite/hashi/sandaisyokusahou.html
- http://www.papersky.jp/2010/12/28/taro/
- http://www.pko.go.jp/pko_j/organization/researcher/atpkonow/article070.html
- http://www.ritsumei.ac.jp/ss/sansharonshu/assets/file/2003/39-3_matsuda.pdf
- http://www.sebec.co.jp/bdf/co2/ondanka/ondanka.html
- http://www.seibutsushi.net/blog/2010/12/1063.html
- http://www.songenshi-kyoukai.com/messages/column/styx/206.html
- http://www.thesalon.jp/themagazine/culture/post-30.html
- http://www.togenkyo.net/modules/liuxuesheng/81.html
- http://www.tokusanshubyo.or.jp/jouhoushi10/j10-05.pdf
- http://www.trailerhouse.or.jp
- http://www.u.tsukuba.ac.jp/-sekine.hisao.gm/jugyo/sotsuron/2017noiri.pdf
- http://www.wahuzei.com/matou/kimono.html
- http://www.whynotjapan.com/countries/tanned_skin/
- http://www2.nhk.or.jp/school/movie/outline.cgi?das_id=D0005120452_00000
- http://www2.sozo.ac.jp/pdf/kiyou12/06%20mori.pdf
- http://www5b.biglobe.ne.jp/-ranran53/rennga/rennga_mame_right.htm
- http://yoshinari-baseball.com/shougakubu/?p=7806
- https://恐怖症の種類.com
- https://樹木葬辞典.com/column/683
- https://10mtv.jp
- https://40workout.com/2017/12/post-4674/
- https://aaltoidbm.hatenablog.com/entry/2018/09/25/064825
- https://agri.mynavi.jp
- https://ailovei.com/?p=71905
- https://aissy.co.jp/ajihakase/blog/archives/10340
- https://allabout.co.jp/gm/gc/300271/
- https://ameblo.jp/teacher-toki/entry-11418017770.html
- https://atlantic2.gssc.nihon-u.ac.jp/kiyou/pdf03/3-20-2002-Fukatu.pdf
- https://auiewo.com/blog/features-of-the-brick-house
- https://benesse.jp/juken/201503/20150316-2.html
- https://blog.miraikan.jst.go.jp
- https://business-textbooks.com/unusual-behavior-of-the-japanese/#toc-5
- https://business.nikkei.com
- https://catalog.lib.kyushu-u.ac.jp/opac_download_md/1650617/p021.pdf
- https://chihoko777.exblog.jp/19378788/
- https://chuplus.jp/blog/article/detail.php?comment_id=1185&comment_sub_id=0&category_id=224
- https://cocoro-labo.com/error
- https://costume.iz2.or.jp/column/475.html
- https://courrier.jp/news/archives/43921/
- https://cucanshozai.com/2017/01/igloo-keeps-warm.html
- https://cutee.jp/love/mentality/1060038
- https://ddnavi.com/news/374609/a/
- https://diamond.jp
- https://earth-festival.com/festival/africa/gerewol
- https://eigobu.jp/magazine/setsunai
- https://eikaiwa.weblio.jp/column/phrases/how-to-say-in-english/skin-color
- https://ejje.weblio.jp/content/pig
- https://eow.alc.co.jp/search?q=jr.
- https://fufufu.rohto.co.jp/feature/1523/
- https://gendai.ismedia.jp/articles/-/45721
- https://gingerweb.jp/lifestyle/slug-n03de5e62822b
- https://golden-tamatama.com/blog-entry-next-technology-in-100years.html
- https://gotrip.jp/2018/02/86627/
- https://hagelabo.jp/articles/pilitortimonilethrix-hair
- https://hajime-himonya.com/?page_id=560
- https://hawaii.jp/archives/8471
- https://henro.jp/henmo/2016/03/14/gasshou/
- https://hermes-ir.lib.hit-u.ac.jp/rs/bitstream/10086/6150/1/kenkyu0100301090.pdf
- https://hosokojo.com/about_01.html
- https://human.kyotogakuen.ac.jp/wp/association/?p=535
- https://ieny.jp
- https://isaac-gaikokugo-school.jp/italian/article/greetings
- https://ja.glosbe.com/pt/ja/obrigado
- https://japanknowledge.com/articles/blognihongo/entry.html?entryid=186
- https://jp.rohto.com/hadalabo/hada-laboratory/allabout/vol3/
- https://kanshiki.com/service/fingerprint/指紋の種類-2/
- https://kasuya.net/albino/20140912/albino_red-eye.html
- https://keiji.vbest.jp/crime/assault/
- https://kids.gakken.co.jp
- https://kiwi-english.net/3419
- https://kome-academy.com/teishoku_library/
- https://kotobank.jp
- https://koureisya-blog.info/yoru-kutibue/
- https://lgbter.jp/noise/0024/
- https://lilian.co.jp/column/column-1337/
- https://logmi.jp/business/articles/67894
- https://mainichi.jp/premier
- health/articles/20160909/med/00m/010/002000c
- https://mikata.shingaku.mynavi.jp/article/35924/
- https://natgeo.nikkeibp.co.jp
- https://news.infoseek.co.jp/article/otokoclass_archives_38768/
- https://next.rikunabi.com/journal/
- https://news.mynavi.jp/news/article/ct/16964579
- https://nipo-brasil.org/archives/12893/
- https://noranotora3.blog.fc2.com/blog-entry-231.html
- https://numazu-hiejinjya.com/sanpai.html
- https://ohmiminavi.co.jp/column/2018/08/09/筆談のコツと便利なツールの紹介/
- https://opac.ll.chiba-u.jp/da/curator/900066823/13482084_55_193.pdf
- https://oshiete.goo.ne.jp/watch/entry/3704a839e7232c2bcd60fe1dc58bdcc5/
- https://pcareer.m3.com/plus/article/the-most-important-thing-for-your-happiness/
- https://placeuveneverbeen.co
- https://president.jp
- https://psych.or.jp
- https://shinbun20.com/oiwai/chojyu/jyumyou/
- https://shinnikkei.lixil.co.jp/sumai/column/column_35.html
- https://shuwa.school/knowledge/shuwa/
- https://skyticket.jp/guide/119364
- https://slate.com/human-interest/2013/01/eye-rolling-why-do-people-roll-their-eyes-when-theyre-annoyed.html
- https://sp.takagi-ds.com/between-teeth/
- https://st.benesse.ne.jp/ikuji/content/?id=1121
- https://style.nikkei.com
- https://suumo.jp/yougo/s/shuugoujuutaku/
- https://tabippo.net/happy-birthday/
- https://takenobuinari.jp/name/numbers/
- https://talk.yumenavi.info/archives/2325
- https://tenki.jp/suppl/y_kogen/2018/02/25/27898.html
- https://the5seconds.com/munashii-19542.html
- https://tokushima.mypl.net/shop/00000341910/news?d=1063573
- https://tokyorainbowpride.com
- https://tomsj.com/lab/history_01.html
- https://townwork.net/magazine/job/workstyle/50476/
- https://toyokeizai.net
- https://trendripple.jp/15133.html#i
- https://true-buddhism.com/teachings/oni/
- https://type.jp/s/caretopi/
- company/20151014.html
- https://uranaru.jp
- https://wajikan.com/note/hukitusuuji/
- https://wired.jp/2019/04/06/morning-person-genetics-how-to/
- https://woman.excite.co.jp/article/beauty/rid_Doctorsme_6393/
- https://woman.mynavi.jp
- https://world-note.com/maasai-people/
- https://www.afpbb.com/articles/-/2674153
- https://www.aigtokyo.or.jp/?p=29393
- https://www.alic.go.jp/joho-d/joho08_200910-01.html
- https://www.andrew.ac.jp/soken/pdf_3-1/sokenk173-1.pdf
- https://www.asahi.com/relife/event/record/11161120
- https://www.asahibeer.co.jp/csr/tekisei/health/mechanism.html
- https://www.athome-academy.jp/archive/culture/0000001119_all.html
- https://www.bandai.co.jp/kodomo/pdf/question119.pdf
- https://www.blog.crn.or.jp/kodomogaku/2004-1.html
- https://www.bookbang.jp/somosomo/article/163
- https://www.brainyquote.com/quotes/elie_wiesel_112799
- https://www.bread.jp.net/mantou.php
- https://www.bs.jrc.or.jp/kk/osaka/donation/m2_02_01_00_bloodtype.html
- https://www.bunkyo.ac.jp/faculty/lib/klib/kiyo/hum/h25/h2511.pdf
- https://www.businessinsider.jp/post-186
- https://www.buzzfeed.com/jp/yuikoabe/why-h-dame
- https://www.chintai.net/news/2013/01/25/123/
- https://www.city.kyoto.lg.jp/hokenfukushi/cmsfiles/contents/0000120/120801/commu.pdf
- https://www.counselingservice.jp/lecture/13728/
- https://www.daiwahouse.com
- https://www.denon.jp/jp/blog/4027/index.html#.XA4dAhP7R-V
- https://www.designlearn.co.jp/spice/辛いものに強い人、弱い人/
- https://www.direct-commu.com/chie/mental/jealousy1/
- https://www.dtod.ne.jp/omoshiro/article41.php
- https://www.excite.co.jp/news/article/Pouch_16084/
- https://www.gizmodo.jp/2014/01/post_17333.html
- https://www.hokende.com/columns/iccyouisseki/fujisawakumi/1
- https://www.honda.co.jp/afterservice/advice/hazard-lamp/index.html
- https://www.houzz.jp
- https://www.huffingtonpost.jp
- https://www.ikyo.jp/commu
- jintai/003
- https://www.insource.co.jp/contents/vml_file47.html
- https://www.international-matchmaker.com/useful/02.html
- https://www.itmedia.co.jp/business/articles/1810/03/news074.html
- https://www.itmedia.co.jp/makoto/articles/1303/28/news006.html
- https://www.j-cast.com
- https://www.japanjournals.com/uk-today/3348-aaaaaaaa.html
- https://www.jase.faje.or.jp/jigyo/journal/seikyoiku_journal_201611.pdf
- https://www.jetro.go.jp/ext_images/world/middle_east/sa/others/pdf/name.pdf
- https://www.jiji.com/jc/d4?p=zoo00104-6052743&d=004ent
- https://www.jmedj.co.jp/journal/paper/detail.php?id=3938
- https://www.jnews.com/special/health/hea1405.html
- https://www.jstage.jst.go.jp/article/americanrevi ew1967/1997/31/1997_31_157/_pdf
- https://www.jstage.jst.go.jp/article/jals/26/2/26_81/_article/-char/ja/
- https://www.jstage.jst.go.jp/article/seisankenkyu/50/10/50_10_339/_pdf
- https://www.kanken.or.jp/kanken/trivia/category05/16040104.html
- https://www.kao.com/jp/corporate/sustainability/universal-design/shampoo-notches
- https://www.kizunakobo.jp/blog/5099/
- https://www.kusegehack.com/textbook/base/1051
- https://www.kyoiku-kensyu.metro.tokyo.jp/09seika/reports/files/bulletin/h16/h16_02_1.pdf
- https://www.kyoto-bhutan.org/pdf/Himalayan/012/Himalayan-12-163.pdf
- https://www.kyoto-np.co.jp/fukushi/column/genba/ge131217.html
- https://www.lib.hit-u.ac.jp/service/tenji/owen/rainbow-flag.html
- https://www.lifehacker.jp
- https://www.mag2.com/p/news/226999
- https://www.manabinoba.com/tsurezure/21275.html
- https://www.marimoliving.jp/sekino/102/index.html
- https://www.med.or.jp/nichiionline/article/005019.html
- https://www.meiji.co.jp/meiji-shokuiku/worldculture/finland/
- https://www.meishishop.com/blog/?p=43
- https://www.mizutani-scissors.com/jp/library/第38話：人種による髪の違い～栗毛～/
- https://www.ndl.go.jp/constitution/ronten/02ronten.html
- https://www.netdesumai.de/暮らしの情報/ドイツのアパート生活/
- https://www.news-postseven.com/archives/20111108_69123.html
- https://www.newsweekjapan.jp
- https://www.nidek.co.jp/visitor_general/eyestory/eye_11.html
- https://www.nikkei.com/article/DGXNASGG26023_X20C10A4000000/
- https://www.nikkoku.co.jp/blog/2014/02/post_130.php
- https://www.olive-hitomawashi.com/column/2018/09/post-2620.html
- https://www.panstory.co.jp/history/history.html
- https://www.pikara.net/contents/details.php?id=642
- https://www.po-holdings.co.jp/csr/culture/bunken/facial47.html
- https://www.rarejob.com/englishlab/column/20170821/
- https://www.sanseido.biz/Main/Words/Patio/Article.aspx?ai=9bf39c93-3cb3-40c4-a0d9-0fe9471a67ea
- https://www.secom.co.jp/flashnews/backnumber/20120702.html
- https://www.shimadaya.co.jp/special/knowledge/history/
- https://www.takasu.co.jp/futaemabuta/sekkai/column/beauty_54.html
- https://www.tamagawa.jp/graduate/educate/column/detail_13618.html
- https://www.tfm.co.jp/yomikikase/index.php?itemid=71486&catid=1717
- https://www.tombow.gr.jp/uniform_museum/pocket/04.html
- https://www.toyo.ac.jp/uploaded/attachment/3099.pdf
- https://www.travel.co.jp/guide/article/28704/
- https://www.tsukuba-g.ac.jp/library/kiyou/2005/09.MIYAUCHI.PDF
- https://www.tuins.ac.jp/library/pdf/2005kokusai-PDF/ban2.pdf
- https://www.viet-jo.com/news/special/171109154352.html
- https://www.wakasa.jp/articles/entry/hr_13
- https://www.waseda.jp/student/shinsho/html/66/6606.html
- https://www.wastours.jp/web_tabihiro/hyakka_ryoran/2018/0727.html
- https://www.y-history.net/appendix/wh0402-006.html
- https://www.加湿.net/news/20151008.php
- https://yab.yomiuri.co.jp/adv/wol/opinion/sports_151026.html
- https://yomidr.yomiuri.co.jp
- https://yumenavi.info/index_pc.aspx
- https://yuuma7.com

NINGEN ZUKAN: MINNA NO CHIGAI

Illustrated by Yusuke Mashiba
Copyright © IROHA PUBLISHING INC., 2019
All rights reserved.
Original Japanese edition published by IROHA PUBLISHING INC.
Korean translation copyright © 2020 by GIMM-YOUNG PUBLISHERS, INC.
This Korean edition published by arrangement with IROHA PUBLISHING INC., Kyoto,
through HonnoKizuna, Inc., Tokyo, and Eric Yang Agency, Inc.

이 책의 한국어판 저작권은 에릭양 에이전시를 통해 저작권사와의 독점 계약으로 ㈜김영사에 있습니다.
저작권법에 의해 한국 내에서 보호를 받는 저작물이므로 무단전재와 무단복제를 금합니다.

의외로 서로 다른 **인간도감**

1판 1쇄 발행 | 2020. 7. 7.
1판 2쇄 발행 | 2021. 5. 27.

이로하 편집부 편저 | 마시바 유스케 그림 | 박현미 옮김

발행처 김영사 | **발행인** 고세규
편집 김인애 | **디자인** 뭉클 | **마케팅** 이철주 | **홍보** 박은경
등록번호 제 406-2003-036호 | **등록일자** 1979. 5. 17.
주소 경기도 파주시 문발로 197(우10881)
전화 마케팅부 031-955-3100 | 편집부 031-955-3113~20 | 팩스 031-955-3111

값은 표지에 있습니다.
ISBN 978-89-349-9298-1 76300

좋은 독자가 좋은 책을 만듭니다. 김영사는 독자 여러분의 의견에 항상 귀 기울이고 있습니다.
독자의견전화 031-955-3139 | 전자우편 book@gimmyoung.com
홈페이지 www.gimmyoungjr.com | 어린이들의 책놀이터 cafe.naver.com/gimmyoungjr

어린이제품 안전특별법에 의한 표시사항
제품명 도서 제조년월일 2021년 5월 27일 제조사명 김영사 주소 10881 경기도 파주시 문발로 197
전화번호 031-955-3100 제조국명 대한민국 ⚠주의 책 모서리에 찍히거나 책장에 베이지 않게 조심하세요.